共享经济下消费者信任的形成机理及影响机制研究

贺明华 著

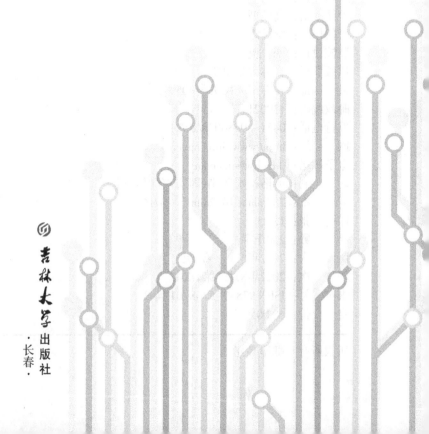

吉林大学出版社

· 长春 ·

图书在版编目（CIP）数据

共享经济时代消费者信任的形成机理及影响机制研究/
贺明华著. –– 长春：吉林大学出版社，2022.8
　ISBN 978-7-5768-0174-3

　Ⅰ.①共… Ⅱ.①贺… Ⅲ.①电子商务 – 消费心理学
– 研究 Ⅳ.①F713.36②F713.55

中国版本图书馆CIP数据核字(2022)第140541号

书　　名：共享经济时代消费者信任的形成机理及影响机制研究
　　　　　GONGXIANG JINGJI SHIDAI XIAOFEIZHE XINREN DE XINGCHENG JILI
　　　　　JI YINGXIANG JIZHI YANJIU

作　　者：贺明华　著
策划编辑：高珊珊
责任编辑：高珊珊
责任校对：李潇潇
装帧设计：刘　厦
出版发行：吉林大学出版社
社　　址：长春市人民大街4059号
邮政编码：130021
发行电话：0431–89580028/29/21
网　　址：http://www.jlup.com.cn
电子邮箱：jldxcbs@sina.com
印　　刷：英格拉姆印刷(固安)有限公司
开　　本：787mm×1092mm　　1/16
印　　张：12.25
字　　数：200千字
版　　次：2022年8月　第1版
印　　次：2022年8月　第1次
书　　号：ISBN 978-7-5768-0174-3
定　　价：68.00元

序

国家信息中心分享经济研究中心发布的《中国共享经济发展年度报告（2019）》显示，2018 年我国共享经济交易规模 29 420 亿元，比上年增长 41.6%。可见，以汽车出行共享和共享住宿等为代表的共享经济商业模式，成为推动我国经济增长的新动能。

但是，近两年以网约车等为代表的共享经济平台企业在经营管理上也暴露出许多问题，主要表现在以下三个方面。①从参与群体来看，共享群体基础较弱，共享经济模式的可持续性堪忧。近年来国内共享单车押金"退还难、退还慢"，以及顺风车多起恶性事件频发等问题，引发公众对共享平台乃至整个共享经济新业态的担忧，用户参与共享经济的积极性和意愿受到较大冲击，难以跨越对共享经济信任的"鸿沟"。②从监管角度来看，新业态与传统属地管理之间的矛盾日益凸显，存在法律规范缺乏、监管政策不明确等问题。传统监管体系与共享经济的跨区域、跨部门、跨行业等发展实践的现实需求不匹配。③从平台层面来看，存在平台责任界定不清、制度体系不健全、用户权益保护机制缺乏等问题，多数共享平台用户面临"取证难、维权难"的挑战。综上，如何加强对共享经济和共享平台的规范和监管，如何完善平台制度机制更有效地保护共享经济下消费者权益，进而赢得消费者对共享经济和共享平台的信任和信心，已成为我国未来共享经济健康发展迫切需要解决的问题。

学界肯定了消费者信任对共享经济的重要性，也有不少学者对共享经济下消费者信任的前因与后果进行了研究，然而，该领域的研究在我国才开展不久，相关研究还有许多问题值得进一步研究。归纳起来，已有关于消费者信任的研究存在以下不足。①目前较少学者关注中国共享经济情境下消费者信任的研究。目前关于共享经济中的信任问题的研究多数来自国外学者，较少学者基于中国情境开展相关研究，尤其是，以国内共享平台企业作为研究对象考察消费者信任对消费者行为的影响研究，目前仅有少数学者关注。②从信任的影响因素来看，大多数现有研究是沿用或参考 C2C 电子商务背景下信任研究的前因变量，而对体现共享经济和共享平台中信任独特性的因素研究还非常少。例如，鲜有学者关注服务提供方背景和资料的审查对平台信任的影响，平台制度机制对消费者信任的影响，在线互动、面对面互动等社交因素对消费者人际信任与平台信任的影响，以及政府监管机制对共享经济下消费者信任的重要影响，等等。③在研究视角方面，已有共享经济中信任研究以混合视角为主，参与方个体特征因素对消费者信任影响的差异研究还比较匮乏，而理解这些差别有助于共享平台完善制度机制、引导消费者持续参与共享经济及开展个性化营销服务。④在消费者信任的影响结果方面，已有研究主要关注信任对共享意愿、态度、满意度、决策行为以及共享行为等方面的影响，少有研究探究信任在降低感知风险方面的作用。如同现代信息经济中许多其他商业模式一样，共享经济的成功高度依赖消费者数据，这势必会让消费者遭遇潜在隐私风险。更甚者，在共享服务过程中，消费者还会面临一定的人身安全风险和财务风险。这些感知风险因素在一定程度上对消费者共享意愿产生负向影响。因此，关于信任与感知风险之间的关系以及两者共同影响消费者行为意愿的作用机制亟须深入研究。

基于上述讨论，本书着重研究以下四个问题。①制度信任各个维度如何影响消费者对共享平台的信任？②社会互动是否会直接影响消费者对共享平台的信任？③性别是否会调节制度信任和社会互动对消费者信任的影响，即消费者信任形成的前因机制上是否存在显著的性别差异？④消费者信任是否会影响感知风险及持续共享意愿，即消费者信任的影响机制如何？

针对上述研究问题，本书基于在线信任建立框架理论、制度信任理论、社会渗透理论、消费者行为学等理论构建共享经济下消费者信任的前因后果模型，从需方消费者感知视角系统探察制度信任和社会互动对消费者信任形成的机理以及消费者信任对感知风险、持续共享意愿的影响机制。研究模型中制度信任采用包括六个维度的制度机制有效性感知构念，分别包括反馈机制有效性感知、审核与认证机制有效性感知、隐私保证机制有效性感知、争议解决机制有效性感知、政府监管有效性感知和行业自律监管有效性感知。社会互动也采用社会互动有效性感知构念，包括两个二阶构念：与供方之间互动有效性感知以及与其他消费者之间互动有效性感知，感知风险包括人身安全风险、隐私风险、财务风险和时间风险四个维度，其余变量均为单维度构念。各个变量均采用比较成熟的量表或在已有量表上进行适应性修订，并通过问卷预调研对本书中各个变量的测量表进行了验证和纯化。正式调研委托专业样本服务机构负责收集数据，并采用 SPSS 23.0 和 Smart PLS 3.0 对收集到的数据进行分析和实证检验，得到以下主要结论：

①在制度机制有效性感知维度中，审核与认证机制有效性感知、隐私保证机制有效性感知和政府监管有效性感知对消费者信任有显著正向影响，其中隐私保证机制有效性感知的正向影响系数最大，而反馈机制有效性感知、争议解决机制有效性感知及行业自律监管有效性感知未得到样本数据支持。②与供方之间互动有效性感知对消费者信任的正向影响不显著，而与其他消费者之间互动有效性感知对消费者信任的正向影响显著。此外，事后分析检验结果显示，社会互动有效性感知对制度机制有效性感知有显著正向影响，并且社会互动有效性感知对消费者信任的影响被制度机制有效性感知完全中介。③多群体分析（multi-group analysis）结果显示，制度机制有效性和社会互动有效性对消费者信任的影响存在显著的性别差异。具体而言，在制度机制有效性感知以及与供方之间互动有效性感知对消费者信任的作用关系方面，男性消费者比女性消费者表现出更强的作用关系，而在与其他消费者之间互动有效性对消费者信任的作用路径方面，女性消费者比男性消费者表现出更强的作用关系。④消费者信任对持续共享意愿有显著正向影响，并与感知风险显著负相关，而感知风险对持续共享意愿的负向影响较弱。并且，消费者信任在部分制度机制有效性感知（审核与认证机制有效性感知、隐私保证机制有效性感知和政府监管有效性感知）与持续共享意愿之间发挥完全中介作用。

本书得出的结论兼具理论意义和实践意义。在理论方面，进一步丰富和拓展了在线信任、制度信任、消费者信任、社会互动、消费者行为等相关研究的理论内容；在实践方面，本书的研究结论既可为政府管理部门进一步引导、扶持、规范和监管共享经济和共享平台提供决策参考，又可为共享平台企业在日常运营管理和营销实践中提供重要管理启示。

目　　录

第1章 绪论

近年来，以共享民宿、共享汽车等为代表的共享经济模式大量涌现，并逐渐成为一种潮流。但是，从 2017 年以来，尤其是进入 2018 年，以网约车、共享单车等为代表的共享经济平台企业在经营管理上也暴露出许多问题，殴打乘客/司机、坑人抢劫、猥亵强奸案件时有发生。以共享出行平台为例，仅在 2018 年就发生多起女性因搭乘顺风车惨遭杀害的恶性事件，这不仅对广大消费者造成了难以弥补的伤害，更是把国内共享平台所存在的制度缺陷以及政府监管机制的漏洞推上风口浪尖。可见，共享经济发展目前已进入一个拐点，面临着重构调整的重任，共享平台本身的制度机制和政府监管措施亟须改进和持续完善。

同时，共享平台上供需双方都是陌生的个体，两者之间的信任鸿沟难以跨越。供需双方之间的人际信任在很大程度上依赖双方的互动交流或者互动交流所形成的评论和口碑等信息。正如有些学者所言，共享经济的要素之一就是消费者对共享经济平台的信任以及消费者对陌生的物品或服务提供方的信任[1]。信任问题严重阻碍共享经济在中国的发展步伐，使得共享经济参与规模较小，新兴企业运营困难、绩效不佳。

近些年，国内共享平台企业加大对信任的工具建立，即市场驱动型制度机制方面的投入，以增强供需双方消费者的信任并降低他们在共享交易过程中的感知风险。同时，还增加对社交网络技术的投入，为增加供需双方之间、需方消费者之间以及供需双方与共享平台之间的互动交流创建多元化的社会情景。可见，在线共享平台不仅建立了制度情景，同时也建立了社交情景。在社交情景下，消费者与平台及供方之间的社会互动会影响消费者参与共享的意愿和行为决策。过往研究表明，信任深深植根于社会情景，且社会互动产生信任[2]。因此，在共享经济情境下影响消费者信任的关键因素既包括制度层面的因素又包括社会互动因素。然而，现有研究同时关注制度机制和社会互动对消费者信任形成机制方面的影响，尚存研究空白。这与制度信任在共享市场交易活动中的核心地位及发挥的重要作用极不相符，也湮没了共享经济区别于传统电子商务的关键特征——线下社会互动（面对面互动）。

此外，由于男性群体和女性群体有着不同的心理需求，因此很有必要探究性别等个体间差异因素在消费者信任与行为意愿方面的影响[3]。营销领域过往有许多研究表明，在消费者行为意愿的前因机制方面有显著的性别差异，例如，Bae等（2011）[4]研究表明，在线消费者评论对购买意愿的影响存在显著性别差异；Sun 等（2019）[5]研究证实，社会关系强度对电子口碑（eWOM）感知的影响及其 eWOM 感知对口碑传播意愿的影响均存在显著性别差异。同样，也有学者关注到性别在消费者信任形成和影响机制中的调节作用，例如 Awad 和 Ragowsky（2008）[6]研究发现，在口碑质量对消费者信任的影响方面，男性消费者的影响强度明显高于女性消费者的，而在消费者信任对持续共享意愿的影响路径方面，女性消费者的影响强度要高于男性消费者的。然而，目前鲜有学者关注共享经济下性别对消费者信任的前因与后果方面的调节作用。随着我国共享经济和共享平台企业的快速发展，厘清共享经济下消费者信任形成方面的性别差异，对于中国共享平台企业而言极为重要，有助于共享平台企业更好地制定和实施市场细分策略和差异化营销战略，进而扩大平台现有用户群体基础，实现共享平台的可持续发展。

为弥补上述空白，本书拟采用在线信任、制度信任、社会渗透理论和消费者行为学等多学科理论方法，沿着"制度信任+社会互动—消费者信任—消费者行为意愿"这一逻辑思路，以前因机制探索、影响结果验证、策略提出为脉络系统探察制度信任和社会互动对消费者信任的影响以及消费者信任对感知风险、持续共享意愿的影响，并解析性别在前因机制上的调节作用。本研究客观全面地揭示共享经济模式下消费者信任的形成机理及其影响机制，对于进一步丰富和发展新型商业模式下的消费者信任理论和消费者行为理论具有重要的学术价值，可为共享经济其他模式的研究提供可借鉴的范式，同时也为政府监管共享经济以及共享平台企业完善制度机制、建立和谐共享社区提供参考依据，兼具理论意义与实践意义。

1.1　研究背景

1.1.1 现实背景

在"互联网+"时代，以共享汽车、共享民宿等为代表的共享经济模式发展得如火如荼。2019年2月，国家信息中心分享经济研究中心发布的《中国共享经济发展年度报告（2019）》[7]显示：2018年我国共享经济交易规模29 420亿元，比上年增长41.6%；2018年我国参与共享经济的人数约7.6亿人，参与提供服务的人数约75 00万人，同比增长7.1%。平台员工数为598万人，同比增长7.5%。2015—2018年，网约车服务收入年均增速为35.3%，是巡游出租车服务的2.7倍，共享住宿收入年均增速约为45.7%，是传统住宿业客房收入的12.7倍。可见，我国共享经济依然保持高速增长，以网约车、共享住宿等为代表的共享经济商业模式，已成为推动我国消费方式转型和服务业快速增长、结构优化的"新动能"。

共享经济的快速发展仍然面临诸多挑战。法律法规不适应、各地监管政策不明确、统计监测体系亟待建立等共性问题依然存在，用户隐私与安全等权益保护难题进一步凸显，快速发展的商业模式实践与理论研究滞后之间的矛盾更加突出。共享经济面临的挑战主要表现在三个方面。

第一，从监管角度来看，共享经济正在颠覆我们对交易方式的传统认识，并引发属地管辖权争议、劳动关系模糊、用户隐私信息泄露等问题。传统监管体系强调科层管理、行业管理、属地管理，这与共享经济跨行业、跨部门、跨区域发展等实践的现实需求相悖，"一个平台、服务全国"的运营特点与传统的属地管理制度之间的冲突日益凸显。因此，如何对共享经济进行合理监管成为我国政府主管部门和立法机构亟须解决的难题。

第二，从平台制度机制层面来看，现有多数共享经济平台尚未建立完善的制度机制来保护消费者权益。共享经济的快速渗透和广泛普及，引发个人信息安全、社会福利等用户权益保护难题。平台企业在发展过程中会收集到越来越多的用户个人信息，积累起大量的消费行为数据，这些反映用户隐私的数据信息一旦发生泄漏或被平台不正当利用，将威胁到用户权益甚至人身财产安全。目前，虽然有共享平台建立了声誉等级评价机制和反馈机制，但存在虚假评价、恶意评价等缺陷，这引发消费者对于共享平台数据真实性的质疑以及对于自身安全的关切。因此，建立健全平台制度机制，有效保护消费者安全、隐私等方面的权益，成为未来共享经济健康发展迫切需要解决的问题。

第三，从参与群体来看，共享群体基础较弱，共享经济模式的可持续性堪忧。由于共享经济的发展历程较短，中国情景下的共享文化理念尚未形成，多数人仍停留在依恋物品所有权的阶段，加上近年来国内共享单车押金"退还难、退还慢"等问题，引发公众对共享单车行业，乃至整个共享经济新业态的担忧，用户参与积极性和共享意愿受到较大冲击，在微博、微信等社交网络媒体中引发了一些负面评论，使得消费者对参与共享经济更加犹豫不决，难以跨越信任的"鸿沟"。同时，共享经济模式下的初创平台企业在共享服务质量稳定性保证、服务设施完善等方面仍未有诸多建树，这种亚健康的共享环境使得参与者持续共享的意愿不强。而共享经济的核心要素之一在于人人参与。共享参与行为的不可持续性一方面将会直接威胁共享经济平台企业的生存，是使得大量共享平台企业在创立伊始就陷入困境、投入成本无法回收、"边际成本递减"优势无法发挥的关键所在；另一方面也会威胁协同消费模式的可持续性，是使共享模式价值无法实现的根本所在。

以上三个问题严重阻碍共享经济在中国的发展步伐，使得共享经济参与规模较小，新兴企业运营困难、绩效不佳。归根结底，发展共享经济关键在于解决制度和信任问题。信任分为人际信任（interpersonal trust）和系统信任（system trust）[8]。其中，人际信任是指个体之间的亲近关系，系统信任又称制度信任（institution-based trust），是指来自制度、组织社会系统的可靠性。基于平台的共享经济模式日趋成为主流，在平台上陌生人之间的人际信任在很大程度上依赖彼此之间的社会互动和交流，而制度信任取决于平台制度机制以及平台外部监管环境的改善。过往有学者表明，平台制度机制有效性感知对提高消费者信任有显著正向影响[9]，政府监管感知能有效抑制感知隐私风险进而提高消费者信任和持续共享意愿[10]。也有少数学者证实，人际信任对消费者参与意愿具有正向影响[11-12]，社会互动对持续使用意愿、口碑传播具有促进作用[13]。然而，共享经济下社会互动因素对消费者信任的影响，目前鲜有学者关注。同时，鲜有学者就共享经济环境下制度信任和社会互动对消费者信任的影响机制及其性别差异进行系统探察。因此，开展我国共享经济情境下制度信任和社会互动对消费者信任的影响机制及其性别差异的影响研究，将既益于丰富制度信任的中国情境化研究，亦对于我国政府创新监管方式、有效完善共享平台制度机制、促进社会资本创建、规范和引导参与持续共享行为、制定差异化营销策略，以推进我国共享经济持续健康发展，均具有十分重要的现实意义。

1.1.2 理论背景

协同消费领域过往研究认为，满意度是使消费者重复购买意愿/行为的重要影响因素之一[11]。但是，满意度并不总是能够激发持续共享意愿/行为，如果消费者有多个平台或商业模式可供选择，满意度并不足以留住他/她，让其不转向其他的平台或商业模式。营销研究人员为了突破满意并不足以带来持续共享意愿/行为这一困境，开始探索是否应该让管理者投资其他可能的替代变量。学者研究指出，平台企业之所以未能建立消费者对平台的忠诚度，是没能赢得消费者对共享平台的信任[14]。共享经济领域有学者指出，在 C2C 共享交易市场中，平台主要担当中介角色，平台信任让平台上的共享双方在线轻松完成共享交易，并降低共享双方的感知风险和不安全感[15]，进而增强持续共享意愿[10]。然而，学术界对何种因素能使消费者对某一共享平台建立牢固的信任并愿意在该共享平台上进行持续共享行为仍未能形成很好的认识。Keetels（2013）[16]提出 P2P 协同消费情境下的在线信任模型，并实证解析了影响供需双方参与意愿的平台制度机制；Bardhi 和 Eckhardt（2012）[17]认为，共享平台可以通过一系列有效的监管和治理机制来制裁平台社区成员之间的失信行为，从而建立共享双方对平台的信任。但是，在共享经济环境下，制度机制对消费者信任的影响机制及其性别差异仍有待进一步挖掘。本书研究正是为了弥补这一空白。具体而言，本书的研究基于以下四个理论前提。

第一，共享经济典型的点对点经济，服务提供方和需方消费者通过共享经济平台完成交易，如何建立陌生人之间的信任是影响共享经济发展的关键问题。据国内调查显示，对于供需方消费者而言，参与共享最大的顾虑是安全和隐私风险，约 40% 的受访者对顺风车服务的安全有所顾虑，约 70% 的受访者表示不信任陌生人。"共享经济"的蓬勃发展和参与人群的活跃程度，其核心在于供需双方如何建立信任[1, 15]。可见，共享经济发展实践的现实需要也对信任建立提出了进一步要求，倘若无法建立与用户之间的信任，共享经济平台企业的发展终将昙花一现。在已有信任研究相关文献中，多数研究探察了影响消费者信任的因素，例如共享平台的声誉[18]、声誉系统[19]、声誉反馈[20]、声誉指标（例如声誉分数、评价和文本评论等）[21-22]、平台网站质量[21]、服务提供方的声誉[12]、服务提供方的个人特征（例如照片和头像）[23]和信息完整性[24]、消费者与服务提供方之间的互动经历[25]、对服务提供方信息（包括犯罪记录、银行账户、证书或能力等）的审核[21]以及消费者的信任倾向[18]等，也有少许研究关注信任对消费者参与意愿、决策以及参与行为等方面的影响[12,26-27]，但很少从制度信任视角系统探察到底是什么制度因素会影响需方消费者信任，进而影响消费者的共享意愿和行为。制度信任是指基于正式社会结构的信任，例如机构、系统或第三方的保证和建议[28-29]。从制度信任角度探究供需方消费者与共享经济及共享平台之间的关系为共享经济下消费者行为研究提供一个新视角。

第二，Zucker（1986）[28]首先提出了制度信任的概念，他区分了三种不同的信任：基于过程的信任、基于特征的信任和基于制度的信任。与前两种信任不同的是，基于制度的信任（简称制度信任）与一种正式的社会结构相关的信任产生机制，且这种结构超越了特定的交易范围和特定的交易伙伴组合。由于交易双方需要有稳定制度的支持，制度信任在营销领域显得尤为重要，例如，Pavlou 和 Gefen（2004）[30]指出，制度信任特别适合在线市场，因为在线市场的交易双方一般是陌生人之间的交易。制度信任被认为是电子商务情境下影响人际信任[31]和交易行为意愿的主要因素。

在过往文献中研究了两个层面的制度信任：①对一般电子商务环境（一般层面）的信任，例如结构保证和情境规范[31]、对公共管理和对互联网的信任[32]及社会信任[33]；②对本地电子商务环境（平台层面）的信任，例如对卖方社区的信任[30]等。在互联网环境中，买方对平台的信任比对平台上卖方的信任更加重要，因为平台通过制定一系列规则管理买卖双方的整个交易过程[34]。信任转移逻辑[35]表明，信任可以从一个实体转移到相关实体。这种逻辑也适用于共享经济环境，信任可从共享平台转移至平台上的参与者。通过参与值得信赖的共享平台，供方/需方消费者向需方/供方消费者发出积极信号，表明他们将遵守共享平台规定的所有规定和制度并能有效保护对方的权益。因此，对共享平台的信任是供需方消费者彼此间信任的前提条件。现有关于对共享平台信任的研究，多数聚焦于影响供需双方对平台信任的因素，例如，Yang 等（2016）[36]研究认为，安全和隐私、IT 质量及平台优势是影响需方消费者对共享平台信任的重要因素；Kim 等（2015）[37]研究发现，声誉、社会存在、善意会影响需方消费者对共享平台的信任；Chmaytilli 和 Xhakollari（2016）[38]实证发现，信息质量、视觉信息、平台支持、隐私是影响供方对平台信任的主要影响因素。但是，仅有个别学者关注了消费者对平台信任的中介作用，例如，Möhlmann（2019）[18]研究证实需方对共享平台的信任在信任措施和对用户信任之间起到完全中介作用。可见，学术界基于制度信任视角就参与者对共享平台的信任的前因和后果机制还缺乏充分的理论研究和实证研究。因此，本书引入消费者对共享平台的信任这一关键构念，以制度信任为自变量，以感知风险和持续共享意愿为因变量，系统研究消费者对共享平台的信任的前因和后果机制，以弥补这一理论缺口。

第三，供需双方之间的人际信任在很大程度上依赖双方的互动交流或者互动交流所形成的评论和口碑等信息。与传统电子商务情境相比，共享经济商业模式的一个独特之处在于，除了在线互动，消费者有机会与供方以及与当地居民（其他消费者）进行面对面互动并建立良好人际关系。因此，无论是供需方之间还是需方消费者之间的社会互动均包括在线互动和面对面互动。由于交互对端和平台的不确定性，交互对端的个人资料披露（也称自我披露）、在线声誉、在线评论以及平台呈现信息的方式都会影响供需之间以及消费者之间的社会互动。还有学者指出，正是因为 C2C 共享经济模式具有互动不确定性和短暂性的特点，信任在共享经济下社会互动过程中发挥重要作用[39]。

过往关于社会互动的研究主要集中于社交媒体使用效果领域，例如 Fischer 和 Reuber（2011）[40]研究发现，使用社交媒体进行社会互动能有效提升创业人员的创业思维和创业行为。Sashi（2012）[41]研究发现，利用 web 2.0 技术交互工具可增进顾客参与，进而改善顾客与企业之间的关系。在共享经济领域，多数学者认为，社会互动既是供方或需方参与共享经济的动机[42-44]，也是参与共享经济所能获得的利益[45]。仅有少数学者关注共享经济下社会互动维度的划分及其影响机制，例如，Moon 等（2019）[13]以某住宿平台为例，从供方视角研究供需方之间的 P2P 社会互动，指出 P2P 社会互动包括在线互动和面对面互动，其中在线互动维度包括自我披露等，而面对面互动维度包括 P2P 面对面互动互惠性、P2P 友好互信关系等，同时证实了各个维度对持续使用意愿具有正向影响。然而，从需方视角研究社会互动的影响机制，尤其是社会互动对消费者信任的影响目前还鲜有学者关注。基于此，本书基于社会渗透理论从需方视角考察社会互动因素对消费者信任的影响，一方面填补了过往共享经济研究领域社会互动研究的空白，另一方面拓展了社会渗透理论的应用范围。

第四，由于男性和女性有不同的需求结构和需求期望值，他们在行为决策方面存在差异。例如，就制度机制有效性感知而言，男性消费者是结果导向型，他们更注重制度机制的现实效用和实际表现，而女性更注重过程，在参与共享过程中，他们更关注安全和隐私问题；就社会互动而言，女性消费者更注重互动过程中的情感交流，而男性消费者更注重互动带来的快乐。过往大量研究表明，性别在决定新技术或新服务接纳行为方面发挥着重要作用，例如，Chen 等（2010）[46]认为，在在线服务情景下，男性和女性在使用模式、使用方式和特定应用的偏好方面存在差异，这可能是使得男性和女性在参与在线交易态度、行为意愿方面存在差异的致因。在电子商务和移动商务情景下，还有学者关注互联网或移动技术在商业活动中运用过程中的性别差异问题[47]，例如，Liébana-Cabanillas 等（2014）[48]和 Liébana-Cabanillas 等（2018）[49]在整合 TAM、TRA 和 UTAUT 理论的基础上研究了性别对消费者采纳移动支付行为中的调节效应。然而，在共享经济情境下，性别在信任建立过程中的调节作用尚未有实证上的解析。基于此，本书考察制度机制和社会互动因素在消费者信任影响机制中的性别差异，填补了过往共享经济研究领域的空白。

1.2 研究问题

本书聚焦我国当前共享经济情境下消费者对共享平台信任形成的前因与后果,尝试通过探讨制度信任和社会互动对消费者信任的影响,消费者信任对感知风险、持续共享意愿的影响机制,以及性别在消费者信任前因机制路径上的调节作用来弥补现有研究的空白。具体而言,本书试图解决的主要问题包括以下几个。

1. 制度信任是否会直接影响消费者对共享平台的信任?

制度信任作为共享参与双方对外部制度和平台制度有效性信心的衡量,本质上取决于共享参与双方对外部监管制度和平台制度有效性现状感知。因此,制度信任的测量也应综合考虑外部制度和平台制度有效性现状感知。然而,过往研究关于制度信任的测量,大多仅考察买方消费者对在线市场和交易平台制度有效性现状感知[30,50-51],且鲜少关注政府监管和行业自律监管层面的机制。参考过往关于制度信任的研究[30-31],基于共享经济特定情境,本书采用制度机制有效性感知构念,内容维度涵盖平台制度机制和外部监管机制,共包括六个维度,分别是反馈机制有效性感知、审核与认证机制有效性感知、隐私保证机制有效性感知、争议解决机制有效性感知、政府监管有效性感知和行业自律监管有效性感知。然后,围绕该问题,本书将分别提出假设,实证检验制度信任是否会影响消费者对平台的信任。在此基础上,总结共享经济模式下促进和阻碍需方消费者信任的关键制度因素。

2. 社会互动是否会直接影响消费者对共享平台的信任?

社会互动是共享经济区别传统电子商务模式的重要特征。基于需方视角的社会互动包括需方与供方之间的互动和需方与其他消费者之间的互动。过往关于社会互动的研究多数局限于社会互动对消费者参与意愿/行为的影响,例如,社会互动既是供方或需方参与共享经济的动机[42-44],也是参与共享经济所能获得的利益[45]。在线互动和面对面互动对持续使用意愿、口碑传播具有正向影响。然而,对于社会互动是否会影响消费者信任,目前还鲜有实证上的翔实解析。本书基于社会渗透理论，参考过往研究中在线互动和面对面互动的维度，先将需方视角下与供方之间的互动维度分为自我披露和面对面互动互惠性，将需方视角下与其他消费者之间的互动维度分为在线评论和友好互信关系，然后，提出并检验社会互动有效性感知正向影响消费者信任的假设，最后基于实证分析结果总结影响消费者信任的互动因素。

3. 性别是否会调节制度信任和社会互动对消费者信任的影响，即在消费者信任形成的前因机制上是否存在显著的性别差异？

虽然对共享平台的信任能够解释制度信任和社会互动对消费者行为意愿的影响过程，然而，由于我国当前共享经济发展正处发展拐点时期，消费者对共享经济和平台发展的制度环境有效性感知以及与供方、其他消费者之间的社会互动有效性感知，因个体消费者之间存在差异，在消费者信任形成的前因机制上存在个体感知差异，这些差异可能会对消费者信任对持续共享意愿的影响过程进一步产生影响。因此，本书将探察个体间性别差异对制度信任和社会互动与消费者信任之间关系的调节作用，进而解析在共享经济下性别差异在信任建立机制形成过程中的影响机理，便于政府主管部门和平台企业在管理实践中充分考量消费者的性别因素，制定并实施差异化的战略决策与细分市场运营策略。

4. 消费者信任是否会影响感知风险及持续共享意愿，即消费者信任的影响机制如何？

制度机制和社会互动是影响消费者信任的重要因素，而消费者信任又是影响消费者决策行为的重要前置因素。消费者信任与感知风险、持续共享意愿之间的关系程度又是如何？对这个问题的回答是厘清参与者持续共享意愿和行为决策的重要组成部分。

在以往其他共享经济情境下的消费者信任研究中，较少从制度信任和社会互动共同作用的视角系统考察消费者信任的前因与后果。为此，本书首先基于在线信任、制度信任理论、社会渗透理论，以制度信任和社会互动为自变量，以感知风险和持续共享意愿为结果变量，构建消费者信任的前因后果研究模型，并推演相关研究假设。其次，对研究模型中的相关构念进行界定并形成初始测量量表；在预调研基础上对初始量表进行纯化后形成正式调研问卷；基于 SPSS 23.0 和 SmartPLS 3.0 统计分析软件，对正式调研获得的数据进行信度和效度分析，并对模型中的研究假设进行检验。最后，基于实证检验结果，解析变量间完备的逻辑关系，解析消费者信任的前因后果机制，识别激励持续共享意愿的差异化实现路径。反映本书研究问题的概念性框架如图 1.1 所示。

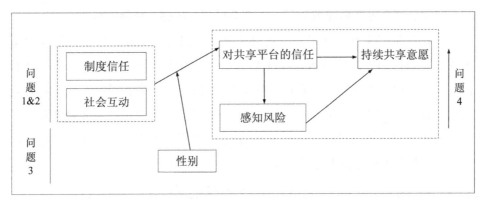

图 1.1　本书概念性研究框架

1.3　研究范围

依据参与的交互主体，共享经济可分为 business-to-consumer（B2C）、consumer-to-consumer（C2C）和 government-to-consumer（G2C）三种形式[52]。B2C，也称 B2P（business-to-peer），指企业将自己生产或租赁的产品通过公司网络平台共享，并租赁给网络参与者（消费者）；C2C，也称 P2P（peer-to-peer），指普通消费者之间通过一个在线共享平台进行产品的分享和交换；G2C，也称 G2P（government-to-peer），指政府或其分支机构通过网络平台提供产品并共享给普通消费者使用。可见，共享经济的真正参与主体是普通消费者，因此，C2C 为共享经济的主体形式。

根据共享内容，可将共享经济商业模式分为产品服务系统（product service system）、再分配系统（redistribution systems）、协作式生活方式（collaborative lifestyles）三种子模式[53]。产品服务系统即人们为产品的使用价值付费，而不考虑产品的归属权。人们可以共享企业的产品（汽车租赁、自助洗衣）或租用别人分享的私人物品。再分配系统即通过社交网络，将二手物品、废弃物品从不需要的人手中，重新分配到另一些需要的人手中，也是一种被广泛认可的可持续商业模式。在协作式生活方式下，协同消费不仅涉及物质产品，还将有着相同兴趣的群体聚集在一起，相互分享或互换各自的时间、空间、技能、资金等系列虚拟资产，如 P2P 借贷、旅游、技能银行等。

无论是依据交互主体来划分还是依据共享内容来划分，共享交易行为发生的必要条件都是共享平台。表 1.1 列举了国内外部分典型共享经济平台示例。本书探讨的共享经济具有典型的 C2C 经济特征，服务提供方和需方消费者通过共享平台完成交易，且本书在进行研究变量界定时将严格区分供方和需方。因此，本书将以当前主流的 C2C 共享经济平台作为研究范围，研究对象为共享参与者（区分供需方角色）。

表 1.1 共享经济平台示例

分类依据	类别	典型平台示例
交互主体	B2C	Zipcar、Ofo 共享单车、摩拜单车
	G2C	中国政品网
	C2C	Uber、Airbnb、滴滴出行、小猪短租、途家等
共享内容	产品服务系统	Zilok、Netflix、Chegg、Zipcar
	再分配系统	Neighborgoods、Craigslist、Freecycle、SwapTree
	协作式生活方式	Airbnb、CouchSurfing、Landshare、TaskRabbit

1.4 研究意义

1.4.1 理论意义

（1）在过往关于 C2C 环境下制度信任的研究中，多数关注微观层面的维度，且未严格区分为外部监管机制和平台制度机制。即使在 P2P 协同消费环境下有学者探究了 P2P 平台制度信任各个维度对供需方参与协同消费意愿的影响[16]，也仅仅能够生成单维的"平台型"制度信任，无法形成完整的共享经济下的多维度制度信任。尽管国内学者张海燕和张正堂（2017）[50]提出了制度信任五维度潜因子构念，但其五个维度基本沿用 Pavlou（2002）[54] 开发的量表，并未结合具体研究情境对制度信任的维度进行适应性修改。本书通过对我国共享经济特定情境下制度信任特质的发掘，以 C2C 共享经济平台为客体，将制度信任理论系统应用于 C2C 共享平台环境，结合具体实际对制度信任的构成维度进行了适应性修改。在制度信任维度的内容上，一方面将当前我国共享经济情境下消费者关注的市场驱动型平台制度机制，包括反馈机制、审核与认证机制、隐私保证机制和争议解决机制纳入制度信任，一方面将政府监管和行业自律监管包括进来，这不仅验证了制度信任是适应不同情境的理论构念，进一步拓展了制度理论的应用边界，更对学术界在"互联网+"环境下深入研究制度信任具有一定的理论贡献。

（2）共享经济和共享平台的成功，在很大程度上依赖供需双方之间以及消费者之间的社会互动和交流。现有共享经济的相关研究表明，社会互动既是供方或需方参与共享经济的动机[42-44]，也是参与共享经济所能获得的利益[45]。可见，通过参与共享经济能给供需双方带来各种形式的社会利益，具体包括人际关系寻求、社会联系、社会效用、道德效用、社区归属、感知真实性和友谊等。事实上，服务提供方和消费者都可以通过共享经济来寻求社会互动，并且以 Airbnb 为代表的民宿共享平台也一直在致力于满足人们结交朋友的愿望。有学者研究证明，消费者把共享经济平台看成动员社区意识和拓展社交网络的有效手段[55]。还有学者关注协同消费情境下社会互动相关的变量对消费者行为意愿的影响，例如 Möhlmann（2105）[11] 研究证实社区归属感对提高共享满意度有显著作用，Celata 等（2017）[55] 研究表明，建立社区归属感意识能促进用户积极参与共享，Wang 和 Ho（2017）[56] 研究证实社会资本是消费者参与共享意愿的关键驱动因素。Moon 等（2019）[13] 证实在线互动和面对面互动对持续使用意愿、口碑传播具有正向影响。然而，对于社会互动及相关变量是否会影响消费者信任，目前还鲜有实证上的翔实解析。本书基于社会渗透理论系统探察社会互动多个维度对消费者信任的影响，研究结论一方面填补了过往研究鲜少涉及的消费者信任前因机制中的社会互动因素研究，为打开我国共享经济情境下社会互动对消费者信任影响的"黑箱"做出了贡献，另一方面拓展了社会渗透理论的应用范围。

（3）持续共享意愿作为需方消费者对加入共享平台和参与共享经济的未来期望，是需方消费者对共享平台和共享经济的信任水平与外部制度环境、社会互动因素共同交互作用的结果。本书针对我国当前共享经济发展阶段消费者对共享经济的信任水平仍较低、外部制度环境较差、平台制度机制不太健全、社会互动和社会资本创建仍不成熟等事实，提出性别在制度信任和社会互动与消费者信任之间的调节效应。这不仅是对共享经济情境下消费者信任和消费者行为研究不足的弥补，而且能够为营销领域整体性的消费者信任和消费者行为研究提供新思路和新借鉴。

1.4.2 现实意义

本书即将取得的研究成果具有三个方面的现实意义。第一，有助于我国政府主管部门进一步规范对共享经济和共享平台的监管，从而构建健康、安全、稳定的外部制度环境；第二，有助于共享平台企业进一步完善制度机制和优化平台互动界面，充分利用社交媒体和社交网络，提升消费者信任水平、增强共享社区归属感，从而吸引消费者持续参与共享；第三，有助于共享平台企业基于顾客特质和消费数据，实施有效的市场细分，制定有针对性的差异化运营策略和营销策略，最大化满足消费者个性需求。

（1）本书结合共享经济具体情境提出的制度信任各个维度对平台企业运营实践具有重要的价值。伴随我国市场经济转型的深入，社会逐渐由熟人社会转变为以陌生人为主的社会，共享经济本质上也是陌生人经济，供需方消费者之间的关系半径也不再局限于血缘、地缘等熟悉关系范围，制度约束性措施越来越受到政府和企业重视，消费者信任的制度基础正在逐渐增强。制度信任为平台企业建立消费者与共享平台之间的牢固关系找到了新的可供投资的变量。共享平台企业可据此把握消费者的心理决策过程，更加关注并致力于完善平台各项制度机制，尤其要满足消费者在安全和隐私保证方面的需求。

（2）本书对共享平台企业如何致力于创建线上线下共享社区，以增进社会互动和赢取消费者信任具有重要启示。一方面，本书将证实与其他消费者之间互动有效性感知能提高消费者信任，这意味着共享平台企业应充分利用社交媒体和社交网络技术，搭建社区共享互助平台，实现社区成员间需求和资源共享的精准对接，增强社区成员间的互动交流。另一方面，平台企业应配合当地政府和社区委员会，积极引导共享社区居民进行自治，推动基层社会治理体系的完善，从而真正发挥共享平台在基层民主创新方面的能力和活力。

（3）本书提出性别在制度机制有效性和社会互动有效性与消费者信任之间的调节效应，对政府主管部门和平台企业管理层在制度机制建立与执行以及信任机制形成方面具有重要管理启示。鉴于我国共享经济情境下个体性别差异会使决策行为产生差异，在完善制度机制、促进社会互动和建立信任过程中应充分考虑消费者的性别差异，制定相应的差异化营销策略，唯有如此，才能有效引导更多消费者参与共享经济，进一步扩大共享经济的参与群体基础。

1.5 研究设计

1.5.1 研究方法

本书拟采用管理学界常用的实证研究方法对所提出的四个研究问题进行检验。具体步骤如下：首先，系统梳理共享经济已有相关文献和主要理论基础，得到本书模型中各个变量的初始测量指标并形成相应的预调研问卷；其次，开展预调研及量表纯化，得到最终量表和正式调研问卷；再次，通过数据样本服务机构发放调查问卷进行数据采集；最后，使用 SPSS 23.0 和 SmartPLS 3.0 等统计分析工具对收集到的调研问卷数据进行统计分析检验，包括信效度检验、主效应检验、中介效应检验、调节效应检验和事后分析检验。

1.5.2 研究思路

本书的研究技术路线如图 1.2 所示。

第一步，基于理论背景和现实背景提出本书的主要研究问题。

第二步，文献和主要理论基础回顾。系统梳理和回顾共享经济已有相关文献和主要理论基础，明晰现有文献的研究现状和不足以及主要理论基础的主要观点及应用范围，在此基础上提出本书的研究视角。

第三步，构建研究模型和推演研究问题相关的假设发展。先对模型中主要研究变量的定义及维度组成进行介绍，然后根据理论逻辑和已有研究推演本书的研究假设。

第四步，实证设计与分析。实证设计与分析步骤包括变量测量、预调研及样本纯化、正式调研、数据收集和数据分析。本书采用 SPSS 23.0 进行探索性因子分析，采用结构方程模型方法对模型中的主效应、调节效应及内置的中介效应检验分别进行检验。

第五步，根据实证分析结果提出研究结论、理论贡献与实践启示，并指出研究的局限和未来研究方向。

1.5.3 论文结构

本论文共分为七章，全文框架结构和具体内容如下（见图1-2）。

第一章，绪论。主要介绍本书选题的现实背景和理论背景；提出本书的研究问题及界定研究对象的范围；阐述本书研究的理论意义和实践意义；说明拟采用的主要研究方法及实施本书的思路；提出本书的主要创新点。

第二章，文献综述。在对共享经济相关文献以及共享经济情境下制度信任、消费者信任、消费者行为等相关研究进行系统梳理与回顾的基础上，找出现有研究中存在的理论缺口，并确立本书研究的切入视角。

第三章，主要理论基础。在第二章文献述评和研究视角提出的基础上，对拟开展研究的问题相关主要理论基础和理论模型进行系统总结，具体包括理论基础和理论模型中相关变量的定义、维度、主要观点及应用范围等，以便为构建本书模型寻找合适的变量和维度。

第四章，模型构建与假设发展。结合文献综述中的相关理论依据，参考在线信任建立框架、制度信任以及社会渗透理论，提出本书的模型构建思路，并构建本书的理论模型和提出相关假设。

第五章，研究方法。首先，生成概念模型中相关变量的测量题项，并进行预调研和量表纯化，生成正式调研问卷；其次，委托数据样本服务机构发放调查问卷进行数据收集；最后，说明数据分析方法和统计工具的选择。

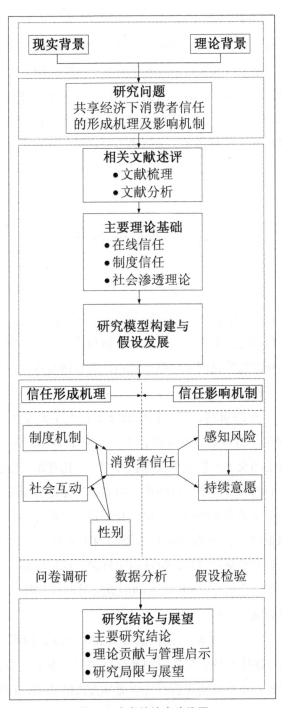

图1.2 本书的技术路线图

第六章，实证分析结果。基于收集到的样本数据，先对数据可能产生的共同方法偏差进行检验，并对本书中涉及的二阶因子进行测量；然后，通过结构方程模型软件 SmartPLS 3.0 进行测量模型和结构模型分析，对本书各个假设进行实证检验；最后基于检验结果展开结果讨论和事后分析。

第七章，结论与展望。基于第六章的实证分析结果总结本书的主要研究结论，提出本书在理论方面和实践方面的主要贡献，并指出本书存在的局限及未来的主要研究方向。

1.6　研究创新点

本书的主要创新点有以下几个。

（1）以现有文献为基础，提出共享经济下制度信任的六个维度，重点关注市场驱动型平台制度机制（反馈机制、审核与认证机制、争议解决机制和隐私保证机制）和外部监管机制（政府监管和行业自律监管），是对现有关于制度信任研究的有益补充。

纵观过往几十年的研究，制度信任的维度也在不断变化。在传统交易环境下，制度机制包括行政制裁和保障措施，这些制裁和保障措施的适用效力不仅仅局限于特定的交易和特定的交易伙伴[28]。托管账户监管和法定雇佣合同就是传统环境下的典型例子。近些年，诸如第三方托管服务、在线信用卡担保、隐私保护等制度结构不断得到应用，并受到电子商务平台的一致好评。除前述常见在线机制外，其他在线市场以及国内主流共享平台（如共享出行平台）还建立了一套市场驱动机制，包括信用机制、反馈机制、信息安全、认证机制和争议解决等[9,51]，这些机制共同组成交易制度环境，为买卖双方合作和安全在线交流提供了保障。

目前管理学领域通常将制度信任划分为五个维度，即第三方监控机制、第三方认证机制、法律契约、反馈机制及合作规范。本书认为，共享经济作为一种新型商业模式，正在颠覆我们对传统交易方式的认识，在发展过程中引发诸多问题，例如用户隐私信息泄露、人身安全风险等问题，因此，如何对共享经济进行合理监管成为我国政府主管部门和行业机构亟须解决的难题。因此，本书创新性地将制度信任划分为六个维度，除常用的四种市场驱动机制外，还包括政府监管机制和行业自律监管机制。

（2）以社会渗透理论为基础，将社会互动引入共享经济研究情境，探讨社会互动有效性感知与制度有效性感知共同影响消费者信任的作用机制。该研究成果首次将制度信任理论和社会渗透理论相结合，应用拓展到 C2C 共享经济情境。

在共享经济领域，Wang 和 Jeong（2018）[57]学者指出，从需方消费者开始搜寻供方信息到共享交易完成这一整个过程，需方与供方之间的互动不容忽视。一旦供需双方之间建立良好的关系，需方消费者的行为就会发生变化。有学者研究证实供需双方之间良好关系的感知对消费者满意度有显著正向影响。还有学者研究表明，共享经济的参与者通过共享行为获得并维持社会关系[37, 58]。Kim 等（2015）[37]进一步指出，在 P2P 系统中，用户与其他用户之间的直接互动（例如，共享住宿中的租客与业主的互动以及租客与其他租客之间的互动）最终有助于促进社会关系的建立。因此，在共享经济下，供需双方之间的互动极其重要。

然而，过往相关研究认为，在共享经济下，除供需双方之间的互动及人际关系外，还应关注需方消费者之间的互动及人际关系[59]。随着 ICT 技术的快速发展，消费者之间的联系变得更为紧密。消费者可通过在线虚拟社区搜寻信息和建议，并发布有关共享服务体验的评论，便于其他消费者参阅。一些消费者还与虚拟社区中的其他消费者进行互动，以收集有关特定共享平台提供的环境和服务信息。除在线互动外，消费者之间的面对面互动丰富了消费者的共享体验[59]。总之，协同消费商业模式可满足消费者成为在线社区成员或线下社区成员的愿望[11]。

在过往研究基础上，本书将社会互动划分为供需双方之间的互动和与其他消费者之间的互动，且两种互动类型包括在线互动和面对面互动。其中，与供方之间的在线互动主要指在线档案可信度（自我披露可信度）感知，与供方之间的面对面互动主要指 P2P 面对面互动互惠性感知；与其他消费者之间的在线互动主要指在线评论有效性感知，与其他消费者之间的面对面互动主要是友好互信关系感知。本书关于社会互动维度的划分及其对消费者信任的影响研究，将引起学界对共享经济下社会互动因素给予更多关注，并将这种全新视角引入电子商务领域和社交商务领域。

（3）考察和证实了消费者群体性别差异对制度机制有效性感知和社会互动有效性感知与消费者信任之间关系的调节作用，揭示了制度机制和社会互动与消费者信任之间的关系路径方面所存在的性别差异。既有助于更为完整地理解消费者信任的形成机理，又有助于共享平台企业在日常运营管理实践中推行差异化营销和细分市场营销策略。

过往研究表明，信任相关的决策行为方面存在显著的性别差异[6]，具体而言，在信任形成机制以及信任对满意度、意愿和行为的影响方面，男性和女性的影响强度存在显著差异。信息系统领域有大量关注性别差异的研究，有学者指出男性与女性有着不同的需求结构[60]，例如，男性更关注功利性、工具性和娱乐性等物质方面需求，而女性更关注情感、社会支持等精神方面的需求。正因为有着不同的需求结构，信任形成机制方面也存在性别差异，例如，Sun 等（2018）[61] 表明，基于人格的信任对成员间信任的影响方面，女性群体比男性群体表现出更强的作用关系，而在监管有效性对基于能力的信任和基于人格的信任的影响方面，男性群体相比女性群体表现出更强的作用关系。

然而，在共享经济领域，目前鲜有学者关注性别差异带来的影响。本书将性别差异的影响拓展至共享经济 C2C 情境，考察性别对制度机制有效性和社会互动有效性与消费者信任之间关系的调节作用。本书发现，在制度机制有效性对消费者信任的正向影响方面，男性消费者相比女性消费者表现出更强的作用关系，在与其他消费者之间互动有效性对消费者信任的正向影响方面，女性消费者相比男性消费者表现出更强的作用关系，研究结论与过往研究[61]基本一致。然而，本书还发现，在与供方之间互动有效性对消费者信任的影响路径方面，男性消费者的影响强度比女性消费者的影响强度更大，该研究结论与过往研究结论相悖，这主要是因为研究情境的不同。这种基于特定研究情境的性别差异影响研究为未来研究提供了有益理论参考和借鉴，也为平台企业管理提供了有价值的实践启示。

第2章　文献综述

2.1　共享经济研究

2.1.1 共享经济的内涵、类型与特征

2.1.1.1 共享经济的内涵

共享经济作为一种经济模式，关于其内涵和范畴的讨论一直是理论界、实业界的热点。"共享经济"这一概念最早由 Felson 和 Spaeth（1978）[62] 提出，他们认为共享经济是"一个或多个人在与一个或多个其他人进行联合活动过程中消费经济产品或服务的行为"，例如汽车分享、沙发分享等行为。随后，随着互联网技术的发展以及共享经济现象在全球范围内盛行，学术界对共享经济的认识也在不断深化，有许多学者用不同术语对共享经济的本质做进一步界定。例如，共享经济被称作"反消费（anticonsumption）"[42]、"伪共享（pseudosharing）"[63]、"协同消费（collaborative consumption）"[64-65]、"共享型消费（shared consumption）"[66]、"轻资产生活方式（access-light lifestyle）"、"协作经济（collaborative economy）""点对点经济（peer-to-peer economy）""使用权经济（access economy）""零工经济（gig economy）"以及"网络经济（mesh economy）"[1, 67-68]、"商业共享系统（commercial sharing system）"[69]、"使用权消费（access-based consumption）"[17]等。

Botsman 和 Rogers（2011）[26]将共享经济表述为"协同消费"，认为"协同消费"是指可以实现凭借更低的消费成本或者消费压力来获得包括代码、生活以及各种离线资产资源在内的几乎相同的资源财富的一种消费模式。

该定义说明共享经济意味着一种消费模式的改变，这种消费模式有效地缓解了进行完整产权交易的低效性。Constantinides 等（2008）[70]将共享经济定义为一种"点对点经济"，认为通过在社会网络中实现供给与需求的匹配进而促进"P2P 交易"，即"点对点交易"，因此，可将共享经济理解为一种"点对点经济"。这两种定义表述表明共享经济模式实际上是传统消费模式的转变。此外，有学者认为可直接将共享经济称为"共享"[58]。针对该观点，有学者提出了异议，认为"共享"术语过于关注社会关系，而忽视了低成本和便利消费这两个"使用权经济"的核心要素[71]。Belk（2007）[72]将共享现象阐释为"将我们所拥有的物品分配给他人使用的行为和过程和/或从他人那里接收或获取物品以供我们使用的行为和过程"。Benkler（2004）[73]把共享的概念描述为基于社会行为的一种互惠互利活动，这种经济活动在社会网络中进行，通过互联网平台实现，可同时满足需求者的资源需求和供给者的额外报酬，因此，可以将其理解为一种互惠的"网络经济"。郑志来（2016）[74]从共享经济的实现路径出发，将共享经济定义为一种去中介化和再中介化的过程。所谓中介化，是指共享平台省去了传统商业组织这一中介环节，降低了交易的时间成本和物质成本。所谓再中介化，是指共享平台的使用成为共享经济所依托的崭新的中介形式。罗宾·蔡斯（2015）[75]认为共享经济是在产能过剩、共享平台与大众参与这三个要素参与下发展出来的经济模式。张红艳等（2016）[76]侧重于从互联网共享经济角度对共享经济进行阐释，指出互联网共享经济是人们通过互联网平台实现使用权转移从而实现互惠互利的一种商业模式。上述定义强调共享经济是通过网络平台实现的，从而指明了共享经济下共享平台的重要作用。Belk（2007）[72]共享的概念描述为在有限时间内没有转移法定所有权的财产分配过程，其核心特征在于财产的使用权代替所有权。Belk（2014）[77]指出，共享经济是通过对资源分配或获取进行协调而获得一定程度补偿的行为活动。何哲（2015）[78]将共享经济与中国的实际相结合，将共享经济定义为传统经济模式下难以进行流通的生产生活资源凭借新的技术手段在社会范围内进行流通使用，从而创造新的社会价值的经济模式。这部分学者的解释一方面将共享经济活动的范围定义在闲置资源，另一方面突出了共享经济进行的是使用权的转让交易，强调了资源在社会范围内的流通、共享、使用。张玉明

（2017）[79]从产权角度出发指出，共享经济是指利用移动互联网等现代信息技术低成本、高效率整合和优化配置海量的、分散化的信息知识、技术智能、生产能力等资源，满足社会多样化需求和可持续发展的经济活动的总和，其实质是使资源由私人所有制到公众使用的深层次变革，可有效化解经济发展中资源浪费、产能过剩、经济危机频发等"不经济"增长问题，并将成为主流模式。张鑫（2017）[80]还对共享经济与分享经济术语之间的区别做了说明，认为共享经济和分享经济是两种不同的经济或商业模式，两者之间最大的区别在于使用权是否具有排他性以及是否受时空等因素的制约，他还进一步提出，共享经济严格意义上是指平台经济，而分享经济是租赁经济。可见，严格区分共享经济与分享经济，对于开展共享经济相关研究具有重要意义。

总结上述讨论结果，可以得出一个结论：国内外学者对共享经济的内涵的描述多是从共享经济活动现象出发，侧重对共享经济的共享对象、实现方式、共享结果进行描述，总结出共享经济是建立在产能过剩和互联网信息技术飞速发展的背景下，利用互联网等现代信息技术平台整合、分享海量闲置资源的过程。目前，业内普遍认可的定义：共享经济是指一种基于互联网和社会化网络平台，以分享、物物交换、团购、交易和租赁等方式享有物品、知识、时间或服务的新兴文化和新型经济形态[26]。

本书在综合前述研究成果的基础上，尝试将共享经济定义为：在现代信息技术与网络技术条件下，人们借助共享平台对其所拥有的闲置资产或物品的使用权而非所有权进行短暂转让的一种有偿性和互利性行为，其核心特征是资源利用的非排他性和基于网络技术的共享平台可用性。

2.1.1.2 共享经济的类型

不同学者从不同视角对共享经济的分类展开了研究，并得出不同结论。从内容形式上看，共享经济包括三种类型[26]：①产品服务系统，用户能以低于购买商品的费用来共享或租用产品的短暂使用权，并不发生所有权转移，如某公司提供的租车服务、摩拜单车等；②再分销系统，用户可将某个特定物品出售或免费赠送给别人，还可在市场上进行物物交换，使该物品重新进入流通环节，进而实现物尽其用，例如：用户可以在网站上出售或交换二手商品；③协作式生活方式，拥有相同兴趣爱好的人可以分享和交换时间、技能、空间甚至资金，例如：用户可以通过共享平台提供或购买短租共享服务。从经营目的来看，共享经济分为营利性共享和非营利性共享两种[81]。非营利性共享的代表是时间银行（IntBank），旨在用现在公益服务的时间兑换未来取得帮助的时间，此处，平台只是作为时间记录和流通的媒介，不以营利为目的，但也并非慈善机构，平台依旧是供需之间的牵引线；营利性共享的案例较多，如住宿共享平台的空间共享、汽车共享平台的私家车共享等。

从共享主体来看，不管供给方参与者是企业还是个体，主体中必有一方扮演消费者的角色，根据主体类型的不同，共享经济可分为[52, 82]BCB 式共享、C2B 式共享、P2P 式共享和 G2C 式共享。① B2C 式共享，一个公司拥有的产品能够被在网上社区共享，并且直接把这些产品租赁给网络参与者，如单车、汽车、书籍和衣服；② C2B 式共享，企业借助社会化力量运作，通过众包获取临时性劳动力，通过众筹便捷获取社会化资金等；③ P2P 式共享，也称为 C2C 式共享，个体参与者扮演着产品消费者的角色，他们之间通过共享平台进行产品服务的分享或交换；④G2C 式共享，共享产品的拥有者是政府或政府分支机构，城市自行车就是 G2C 模式的典型案例。

2.1.1.3 共享经济的特征

学术界对共享经济的特征进行了界定，归纳起来有以下四个方面。

（1）社会性和环境友好性。Heinrichs（2013）[64]指出，共享经济可作为实现环境和社会可持续性的途径。无独有偶，有不少学者也关注共享经济与可持续性之间的关系，并认为共享实际是反消费[44, 83]和有环境意识的行为[84-85]的一种形式。这些观点强调共享经济具有社会性和环境友好的特征，然而这些观点仅反映出共享经济当代特征的一部分。

（2）补偿性。有学者提出，共享经济实际就是协同消费[86]，认为协同消费是传统共享形式中的商业维度，是利他行为的对立面[87]。协同消费是一种"使用权代替所有权"的经济模式[26]，这与之前 Belk（2007）[72]的观点基本一致。有学者进一步认为，协同消费注重物品获取和分配过程中的协调以及对这种协调的补偿，而补偿性是区分包括易货在内的协同消费活动与纯分享和馈赠活动的关键特征所在[77]。正是在这种有金钱补偿特征的共享背景下，有学者提出了"伪共享"[63]这一术语。可见，利己动机和金钱是伪共享的主要驱动力。

（3）亲密性。亲密性是共享经济背景下仅次于补偿性的又一大特征。有学者指出，共享行为包括共享出去（share out）和分享进来（share in），其中共享出去行为涉及与陌生人共享或一次性共享行为[77]。据此，在线共享活动使亲密性的含义发生了些许改变，亲密性延伸至与同伴即对一个群体或社区有强烈归属感的成员之间的关系。换言之，共享对于陌生人是开放的，但并不意味着与陌生人之间存在像亲朋好友一样牢固的亲密关系。有学者研究证实，消费者拒绝对汽车共享社区有任何形式的社会依恋感[17]。

（4）双重性，即社会性与商业性并存，私人关系与公共关系并存。随着互联网尤其是移动互联网和社会化网络的兴起，新的共享形式出现，这一点得到学者的认同，例如，Belk（2014）[77]认为当前存在一种新的、以因特网为主要技术的共享系统。该种共享系统除具有数字性特点之外，还具有协同消费的补偿性与纯共享的社会性特征之间的相互作用以及共享系统中参与者之间的私人关系或公共关系等特点。总之，共享经济关注社会性与商业性、私人关系与公共关系两个统一体。这种双重性特征也引起了业内不少学者的关注，例如，Habibi 等（2016）[88]通过对非所有权实践进行考察，提出一个双重框架，其核心观点是，非所有权实践具有双重特征且是共享和交换两种特征的混合体；John 等（2013）[89]研究指出，现代共享实践通过改变开放程度改变了私人和公共之间的关系界限。

2.1.2 共享经济的驱动因素研究

学者对促进共享经济出现和繁荣的因素展开了分析，提及的影响因素主要包括三类。

（1）技术因素。互联网技术及位置定位服务（LBS）技术、云计算以及大数据等创新技术的发展，大大降低了交易成本，使得基于互联网的共享成为可能[53, 74, 90]。Belk（2014）[63]研究认为最开始的协同消费以及后来的共享经济现象都是建立在网络通信技术的基础之上，是网络时代的特定产物，认为网络开启了一扇资源共享的新窗口。还有学者指出，移动终端的普及和大数据已成为共享经济向前发展的核心推动力[79]。

（2）经济因素。经济因素的影响首先体现在闲置资源的货币化上，以前被闲置的资源，现在可以将其货币化，供给方通过出售闲置资源的短暂使用权获取收益，需求方以低于市场的价格享用使用权，这种经济上的利益共享机制是促进共享经济发展的重要因素。此外，风险投资资金的流入是共享经济得以兴起的关键，风险投资资金是加速共享行业增长的核心力量[91]。

（3）社会因素。社会因素的影响首先体现在推动可持续发展的需求上，共享经济模式通过转售、出租、共有或赠送那些曾经被购买和使用有限次后就丢弃的产品，使其得到最大化利用，从而减少环境负担。Barnes 等（2017）[27] 指出，可持续性是促进共享经济发展的一个关键因素。其次，人口密度的增大也是重要的社会层面影响因素。城镇化加剧、不断增加的人口密度使共享成为可能，因为接触到更多的人就意味着能得到更多点对点的服务[91]。最后，社会主流消费价值观的改变也是值得关注的因素。人们对物质拥有的重视程度不断下降，重使用价值轻所有权的趋势使得人们倾向于选择共享型消费模式，尤其是针对低使用频率的产品，共享模式的价值更容易被凸显和认可。

2.1.3 共享经济模式下参与者行为研究

在已有研究中，关于在共享经济模式下参与者行为研究的文献较为丰富，但大多碎片化地散落在相关文献中。归纳起来主要可分为两类：一是参与者动机维度的探索；二是参与者参与意愿或行为的影响因素研究。

2.1.3.1 参与者动机维度研究

聚焦于此类研究的学者从不同共享经济的类型出发，采用定性研究和定量研究方法解释参与动机的内涵及其结构。因参与共享经济的动机因角色不同而存在差异，以下分别从需方消费者、服务提供方和平台运营商层面梳理参与共享的动机维度。

1.需方消费者参与动机

在共享经济领域早期的研究中，有学者就对需方消费者参与共享经济的驱动因素进行了研究。例如，Bardhi 和 Eckhardt（2012）[17] 研究发现经济动机是消费者参与汽车共享平台的主要动机，该结论与 Bellotti 等（2015）[92] 的研究结论一致；也有学者研究发现环境动机是消费者参与共享经济的主要动机[1, 93-94]；还有学者认为，社会动机是消费者参与共享经济的主要动力[1]，对此结论还有学者进行了例证，认为人们参与住宿共享平台的最初动机是想与当地的房东进行互动交流[95]。有不少学者通过实证研究发现，需方消费者参与共享的动机包括共享乐趣[94]、经济收益[71, 96]、生活方式改善[97]、效用性[11, 98]和产品稀缺性[99]等。还有学者针对消费者参与无形物品（例如保险、时间等）共享的动机进行实证研究。例如，Milanova 等（2017）[87]研究证实消费者参与保险共享的动机主要包括经济利益、陌生人网络、弱社交联系和信号价值；Lamberton 和 Rose（2012）[69]对消费者参与手机时间共享服务进行研究后发现，消费者感知个人使用可预测性和对他人使用的控制是主要参与动机；Albinsson 和 Perera（2012）[42]对消费者参与非货币市场的动机进行研究后发现，社区归属感是他们参与共享的主要动机与结果。

此外，有学者对需方消费者参与共享的动机进行了分类。例如，Bucher 等（2016）[96]通过研究证实，消费者积极参与共享主要有三种动机。首先，工具性动机，包括经济/金钱动机[99-100]和功能性动机，例如便利性等[17]；其次，规范性动机，主要包括可持续发展倾向[94, 99, 101]和利他行为[102]；最后，社会-享乐（social-hedonic）动机，主要包括享受[94]、社区归属[11, 44, 102]/社会动机[99]。Benoit 等（2017）[103]认为，消费者参与共享经济的动机分为五类：①经济动机，消费者参与共享归因于共享成本下降[104]、消费者财富日益减少[105]等；②社会动机，社会效用[88, 106]和社区归属感[42]是消费者参与共享的最主要动机；③享乐价值，消费者通过共享可使用自己无力购买的奢侈品[107-108]等；④规避风险与责任，消费者参与共享可降低因购买物品所带来的责任和风险[107, 109]；⑤环境利益，参与协同消费可带来积极的环境影响[26]等。类似地，Lawson 等（2016）[107]研究发现，需方消费者参与使用权消费行为的感知动机因素分为经济意识、环境意识、身份消费、占有欲、物质主义、选择困惑、多样化寻求和忠诚度，且不同消费者的参与动机存在差异性。

2. 服务提供方参与动机

有学者指出，需方消费者参与共享的动机大多是为了满足"基本需求"，而服务供方参与共享的动机则较为复杂[92]。目前关注服务提供方参与动机的研究较少，通过总结仅有的几篇文献，发现服务提供方参与共享经济的动机主要包括四类。第一，经济利益。有学者通过实证研究发现，经济收益是服务提供方参与共享的重要动机[94]，该动机对于汽车共享领域的服务提供方而言表现得更为明显。也有学者进一步指出，尽管经济利益是需方消费者和服务提供方参与共享的共同动机，但两者之间存在一些差异，因为享用共享物品和提供物品共享所带来的经济利益存在不对称[110]。对此，有学者指出，对于经济利益动机，需方消费者比服务提供方表现得更为强烈[92]。第二，创业自由。有学者指出，由于过去十年全球经济不稳定，许多人为了增加额外收入而选择加入共享平台，因为共享平台为他们提供了创业自由，即通过共享平台自由地将他们拥有的闲置物品、资产或技能分享出去，从而赚取费用[103]。第三，社会动机。共享经济涉及的社会因素（主要是互动、与陌生人结识与交友等）是供需方消费者参与共享的动机之一。有学者指出，需方消费者与服务提供方之间的互动与交流是许多共享经济类型的核心要素[44]。例如，在住宿共享行业，租客与当地房东交谈可增强租客对真实旅行体验的感知[111]，而当地房东也重视与来自世界各地的旅行者结识的机会[95]。第四，环境动机。在共享经济研究领域，有多位学者关注需方消费者的环境利益和环境动机研究，鲜有学者关注服务提供方的环境动机研究。但是，有学者通过比较研究证实，服务提供方的环境动机与需方消费者的环境动机不存在明显差异，并且，服务提供方和需方消费者参与共享的行为均能带来环境利益[110]。

3. 平台运营商参与动机

平台作为需方消费者与服务提供方之间的中介，其核心任务是将具有闲置资产的个人（供方）与想要通过共享获得资产使用权的个人（需方）进行有效匹配。目前，共享经济平台仍处于成长初期，普遍认为加入平台可能会有风险。因此，无论是需方消费者还是服务提供方，均有必要了解共享平台的参与动机及其价值主张。现有关于平台运营商的动机研究较少，归纳起来包括三个方面。一是经济收益。研究表明，经济收益（利润、股东价值等）是平台运营商参与共享经济的主要动机[112]。二是创新市场并快速响应市场变化。协同网络领域早期的研究显示，协同网络组织成立的主要动机包括：在不断变化的市场中寻求创新、灵活应对市场快速变化和客户偏好、充分利用协同网络参与者的资源和能力以及在全球环境中不断优化工作效率[113]。有学者指出，目前主流的共享平台类似先前的协同网络，且成立的动机也基本相同[103]，例如，某住宿共享平台的成立正是为了响应迅速增长的全球旅游需求和差异化的游客旅游体验偏好。三是建立互惠关系。在共享平台网络，需方消费者、平台运营商和服务提供方三个成员并没有等级之分，各个成员基于自身的价值主张来表达其加入平台网络进行价值共创的意愿和能力。基于服务主导逻辑理论，有学者认为平台网络中每位参与成员的直接目标是在资源整合和价值共创活动中给其他成员给予必要支持，而不是仅仅关注自身的利益[114]。基于该观点，可以推断共享平台运营商的动机之一就是与"供给侧"和"需求侧"建立"良好"关系，共同创造价值，从而创造经济收益。

表 2.1 对需方消费者、服务提供方及平台运营商参与共享的动机维度进行了总结。

表 2.1　参与共享的动机维度

研究层面	动机维度	代表性研究
需方消费者	经济动机	Möhlmann（2015）[11]；Bardhi 和 Eckhardt（2012）[17]；Benkler（2004）[73]；Bellotti 等（2015）[92]；Bucher 等（2016）[96]；Lawson 等（2016）[107]
	社会动机	Botsman 和 Rogers（2011）[1]；Albinsson 和 Perera（2012）[42]；Ozanne 和 Ballantine（2010）[44]；Tussyadiah（2015）[95]；Lawson 等（2016）[107]
	环境动机	Botsman 和 Rogers（2011）[1]；Gansky（2010）[93]；Hamari 等（2016）[94]；Lawson 等（2016）[107]；Tussyadiah（2016）[115]
	享乐动机	Hamari 等（2016）[94]；Bucher 等（2016）[96]；Catulli 等（2013）[97]；Hellwig 等（2015）[116]
服务提供方	经济利益	Hamari 等（2016）[94]；Böcker 和 Meelen（2017）[110]
	社会动机	Ozanne 和 Ballantine（2010）[44]；Tussyadiah（2015）[95]
	环境动机	Böcker 和 Meelen（2017）[110]
	创业自由	Benoit 等（2017）[103]

续表

研究层面	动机维度	代表性研究
平台 运营商	经济利益	Rochet 和 Tirole（2006）[112]
	市场响应	Benoit 等（2017）[103]；Cravens 和 Piercy（1994）[113]
	互惠关系	Lusch 和 Webster（2015）[114]

资料来源：依据相关资料整理。

2.1.3.2 参与者参与意愿或行为的影响因素研究

在参与意愿或行为的影响因素研究中，有的学者对参与者角色进行了区分，从消费者视角或供给者视角分别展开分析。有的学者从混合视角展开分析，仅关注参与而不关注角色。因此，参与者参与意愿或行为的影响因素的研究可分为以下三类：

1. 需方消费者参与意愿或行为的影响因素研究

根据不同研究视角对已有相关文献进行梳理，发现需方消费者参与意愿或行为的影响因素研究可归纳为四个方面。

首先，感知价值和风险视角。Piscicelli 等（2015）[117]以英国在线 P2P 交易市场为例实证研究表明个体消费者的价值观倾向对参与、接纳和推广协同消费的意愿具有重要影响。Hwang 和 Griffiths（2017）[118]通过对 2000 年后出生的年轻消费群体的实证研究发现，价值感知（包括功利主义和享乐主义维度）对年轻消费者参与共享经济的态度和行为意愿具有正向影响，并且消费者创新性对享乐主义与参与态度之间的关系具有显著调节作用。还有学者通过研究证实，相比其他年龄层，年轻群体更有可能参与共享经济[119]。有学者对去所有权价值取向（de-ownership orientation）与协同消费态度和协同消费意向之间的关系进行研究，研究发现这三者之间均相关，即消费者去所有权倾向程度越高，对协同消费的态度越积极或者参与协同消费的意愿越强[120]。还有学者研究证实感知有用性程度显著正向影响消费者参与共享意向[11, 52]。Schaefers 等（2016）[121]研究证实感知社交风险对消费者的共享服务使用行为产生正向影响。还有学者研究证实感知隐私风险对消费者参与共享意愿具有显著负向影响[9-11]。

其次，基于平台个案的研究视角。Fagerstrm 等（2017）[122]以住宿平台为例进行实证研究发现，房东在平台上提供负面面部表情的照片或者没有面部图像（头部轮廓）的照片会降低租客进一步搜索该房东相关网页的倾向且对租客租赁意愿具有负面影响，该研究结论与 Ert 等（2016）[12] 的研究结论基本一致。国内学者何晶璟以某住宿短租平台为例，研究发现平台上资源提供方（房东）的个人信息越完整，消费者（租客）对其信任水平就越高，进而加入平台共享的意愿就越强[24]。Keetels（2013）[16] 研究了共享经济领域在线P2P 产品服务系统的制度机制指标对消费者参与意愿的影响，研究证实平台的审核认证机制、安全机制（担保、保险等）、信息披露机制以及合作规范正向影响消费者从服务提供方获取共享物品的意向。Wang 和 Ho（2017）[123] 基于住宿平台的实证研究发现，在共享经济背景下的社会资本是影响消费者参与住宿服务/产品的公民行为意向的关键因素。Chen 和 Chang（2018）[124] 研究证实等级评价的数量、满意度和感知价值是影响住宿平台上用户共享意愿的主要因素。贺明华和梁晓蓓（2018a）[125] 以国内某出行平台为例进行实证研究，发现平台及服务提供方的声誉、对平台及服务提供方的信任以及对平台及服务提供方的依恋水平均显著影响需方消费者持续参与共享意愿。

再次，经典理论模型应用视角。Barnes 等（2017）[27] 基于理性行为理论构建了消费者共享意愿的影响因素模型，研究证实感知有用性、乐趣和信任正向影响消费者的租赁意向。唐毅青等（2017）[126] 以专车行业为例，基于技术接受模型验证消费者参与共享经济的影响因素，发现感知有用性和感知易用性对消费者参与意愿具有显著正向影响。贺明华和梁晓蓓（2018b）[9] 以基于消费者信任的决策模型为研究框架，研究证实了共享平台制度机制对降低感知隐私风险、提高消费者信任水平以及增强消费者持续共享意愿具有显著影响。梁晓蓓等（2018）[127] 基于自我决定理论构建消费者持续共享意愿影响因素研究模型，经研究证实经济动机、有用性动机、社交娱乐动机和可持续动机均正向影响持续共享意愿。施建刚等（2018）[128] 基于计划行为理论构建可持续发展视角下城市交通共享产品使用行为的理论模型，研究发现用户的行为态度、感知行为控制和主观规范均对共享行为意愿有直接的正向影响。

最后，关系利益和质量视角。有学者基于关系利益视角对共享经济背景下消费者承诺和忠诚行为进行研究，发现信息利益、社会利益和安全利益透过承诺这一中介变量正向影响消费者对服务提供方的忠诚度[129]。Cheng 等（2018）[130]从服务质量视角探察我国消费者对汽车共享服务的满意度和忠诚度，实证表明在线服务（平台服务）质量和离线服务（供方服务）质量均对消费者的满意度和忠诚度具有显著正向影响。

2. 服务提供方参与意愿的影响因素研究

Bucher 等（2016）[96]基于定性与定量结合的方法，对参与者通过共享平台扮演供给者角色的意愿进行了研究，发现社交娱乐动机、道德动机和经济动机对共享态度和行为意向产生显著影响。杨晓燕和邓珏坤（2014）[131]从产品处置的视角探究了情感依恋对参与者参与共享经济的影响方式，指出参与者情感依恋通过产品保留倾向影响参与者的产品处置决策，感知产品有用性调节情感依恋对产品保留倾向的影响。Keetels（2013）[16]研究证实 P2P 共享平台的监管机制、安全机制（担保、保险等）、第三方推荐机制以及合作规范对服务提供方出租物品的意向具有显著正向影响。

3. 混合视角的研究

在混合视角下，不对消费者参与共享经济的角色予以区分，从态度和行为意向的角度来研究影响消费者参与行为的因素。归纳起来，主要包括以下两个层面的因素。

首先，消费者层面。①感知有用性和感知易用性。有学者研究证实感知有用性程度显著正向影响消费者参与共享意向[11, 52]。②感知风险。有研究证实消费者在参与共享经济之前或过程中会考虑可能遭受的经济风险及个人信息泄露风险等，这些感知风险会负向影响消费者参与意愿[11]。③信任。有学者证实信任正向影响消费者持续参与意愿[11, 26, 132]。④共享经历和熟悉度。研究证实缺乏共享相关知识负向影响参与意愿，而对共享的熟悉度正向影响共享参与意愿[11, 108, 133]。⑤消费者创新性。研究证实消费者创新性水平越高，参与共享经济的意愿越强[95, 134]。⑥技术能力。共享服务的顺利开展依赖在线共享平台以及智能手机 App 等[17, 77, 94]，且共享双方之间的沟通是共享交易达成的关键影响因素[26, 95]，因此，消费者具备互联网及智能手机的技术能力会对参与意愿产生重要影响[11]。⑦消费者价值观。有学者研究证实，消费者的利他价值取向、生物圈价值取向和自我价值取向会对消费者参与共享经济的个人规范产生积极影响[66]。

其次，产品层面。①产品新颖性。研究证实产品新颖性和给消费者带来的真实体验是住宿共享平台吸引消费者参与的主要因素[135]。②产品不可获性。有学者指出，某物品的不可获得性越高，参与共享经济意愿越强[26,69]，因为获取物品的成本变高驱使人们倾向于选择通过共享使用他人的物品[77]。③产品身份象征功能弱化。研究表明，由于年轻群体对产品身份象征功能认知的弱化，他们不再追求产品的所有权，进而更愿意接纳和采用共享服务[77]。④感知产品稀缺性。有学者研究证实，消费者感知产品稀缺性是影响参与共享意愿的重要因素[69]。

表2.2对上述参与者参与意愿或行为的影响因素进行了总结。

表2.2 在共享经济下消费者参与意愿或行为的影响因素

研究层面	相关变量	代表性研究
需方消费者	价值感知（包括感知有用性、感知易用性、感知利益和感知风险）	Möhlmann（2015）[11]；Barnes 等（2017）[27]；贺明华等（2018c）[10]；Hwang 和 Griffiths（2017）[118]；Schaefers 等（2016）[121]；Chen 和 Chang（2018）[124]；唐毅青等（2017）[126]；Yang 等（2016）[129]
	乐趣（包括身份消费、多样性寻求、物质主义）	Barnes 等（2016）[27]；Lawson 等（2016）[107]
	去所有权价值取向	Lindblom 和 Lindblom（2017）[120]
	信任（包括服务提供方照片信息和个人信息完整性）、对平台的信任	Ert（2016）[12]；He（2017）[24]；贺明华和梁晓蓓（2018a）[125]；Barnes 等（2016）[27]；Fagerstrm 等（2017）[122]
	平台制度机制（审核认证、安全、信息披露及合作规范）、平台声誉	Keetels（2013）[16]；贺明华和梁晓蓓（2018b）[9]；贺明华和梁晓蓓（2018a）[125]
	社会资本（包括社区归属感）	Möhlmann（2015）[11]；Wang 和 Ho（2017）[123]
	满意度、忠诚度、依恋和熟悉度	Möhlmann（2015）[11]；贺明华和梁晓蓓（2018a）[125]；Lawson 等（2016）[107]；Chen和Chang（2018）[124]

续表

研究层面	相关变量	代表性研究
服务提供方	社交娱乐动机、道德动机和经济动机	Bucher 等（2016）[96]
	情感依恋、对平台及服务提供方的依恋	杨晓燕和邓珏坤（2014）[131]
	平台制度机制（监管机制、安全机制、第三方推荐机制及合作规范）	Keetels（2013）[16]
	感知有用性和感知易用性	赵添乘（2014）[52]；范春蓉（2017）[91]
	感知风险	Möhlmann（2015）[11]
	信任	Möhlmann（2015）[11]；Botsman 和 Rogers（2011）[26]；Johnson 等（2016）[132]
混合视角 消费者个体层面产品层面	共享经历和熟悉度	Möhlmann（2015）[11]；Moeller 和 Wittkowski（2010）[108]；Hennig-Thurau 等（2007）[133]
	消费者创新性	Tussyadiah（2015）[95]；Akbar 等（2016）[134]
	技术能力	Möhlmann（2015）[11]；Bardhi 和 Eckhardt（2012）[17]；Belk（2014）[77]；Hamari 等（2016）[94]
	消费者价值观（利他价值取向、生物圈价值取向和自我价值取向）	Roos 和 Hahn（2017）[66]
	产品新颖性	Yannopoulou（2013）[135]
	产品不可获性	Botsman 和 Rogers（2011）[26]；Lamberton 和 Rose（2012）[69]
	产品身份象征功能弱化	Belk（2014）[77]
	感知产品稀缺性	Lamberton 和 Rose（2012）[69]

资料来源：依据相关资料整理。

2.1.4 共享经济的影响效应研究

有学者就共享经济模式的出现及其繁荣发展可能会带来的影响展开了研究，从现有研究探讨的结果变量来看，共享经济产生的影响主要包括以下几个方面。

（1）对宏观经济发展的影响。共享经济推动"使用-丢弃"的快速消费模式逐渐转向"使用—再使用—回收再利用"的闭环运行模式，与绿色发展的宗旨高度重叠[136]。因此，从整个社会供给来看，共享经济有效促进了社会资源的合理分配和高效利用，推动了绿色低碳经济的发展。

（2）对社会的影响。对社会的影响主要分为三条研究线索。第一条线索是关注共享经济对社会就业的影响。共享经济对社会就业而言是一把双刃剑。一方面，共享平台的出现给每一个拥有闲置资源的个体提供了成为微创业者的机会[137]，为一部分人提供了工作过渡的桥梁，在一定程度上有利于社会就业问题的解决。但另一方面，由于共享经济对传统行业的冲击，一部分人面临着失业的风险。例如，有学者以某住宿平台为例研究了共享经济对旅游业就业的影响，研究结果表明，住宿共享平台降低了住宿成本，使得游客数量剧增，进而给整个旅游业创造了新的就业岗位[138]。但是，又有学者指出，因低端酒店被住宿共享平台所取代[139]，低端酒店员工面临失业，所以，随着共享经济规模的进一步扩大，共享经济带来的就业边际效应将逐渐减小[138]。第二条线索是关注共享经济对城市交通的影响。有研究证实，以某汽车共享平台为代表的共享汽车服务大大减少了酒后驾驶机动车引发的死亡事故，但同时也可能给当地带来交通拥堵，甚至增加因交通事故造成的总伤亡人数[140]。第三条线索关注共享经济对社会公平性和包容性的影响。有学者以营利性共享平台为研究对象，发现共享平台上的服务提供方大多有高学历背景且有全职高薪工作，平台给服务提供方提供的就业机会进一步加剧社会不公平，并指出这种社会阶层分化在蓝领就业市场上可能会有"挤出"效应[141]。还有美国学者Edelman 等（2017）[142]研究发现，某住宿共享平台目前的网站设计使得共享服务过程普遍存在种族歧视现象，例如，一些房东拒绝接受非裔美国人住宿。

（3）对传统行业产生的影响。一方面，共享平台相比于传统的行业企业而言，其运营效率更高，能够有效促进整体行业效率的提升[45]；另一方面，共享经济模式的出现对传统行业的发展形成威胁，使得某些传统企业的经济收入不断下降，迫使其面临被淘汰[139]，例如 Guo 等（2018）[143] 对基于我国51 个城市的汽车销售量面板数据实证发现，引入汽车共享平台在短期内使得各个城市新车的销量下滑。

（4）对环境的影响。随着消费者环境保护意识的提高，消费者主动寻求更为高效的资源利用方式，以促进社会的可持续发展[93]，研究表明，共享经济模式有助于减少资源浪费、碳排放等环境负面影响[26]。此外，还有学者研究证实，协同时尚消费（协同消费的一种形式）能带来巨大的环境效应，通过效率和充足效应对生态化具有积极促进作用[144]。

（5）对可持续性的影响。有学者指出，共享经济是实现可持续发展的潜在路径[67]。例如，从社会可持续性的角度来看，有学者认为共享经济将促进人的发展[145]、安全和有效性[146] 以及提供更多的工作机会[138]，并提出共享实践有助于促进社会转型[147]；从经济可持续的角度来看，有学者指出共享经济可节约成本[1, 148-149]；从环境可持续性的角度来看，有研究表明，共享经济通过优化资源配置[94]、减少排放和节能[63, 150-151] 带来环境利益，并可减少过度消费带来的负面环境影响[1, 93]。有学者从理论层面指出，共享经济对于促进城市可持续性发展具有积极作用[152-153]。施建刚等（2018）[128] 实证发现我国交通共享产品的实际使用行为对城市可持续性有极为显著的正向影响。也有学者指出，参与共享经济可能有助于促进社会可持续性，但似乎对消费者在环境可持续性方面的价值取向无明显影响[66]。

（6）对参与者个体的影响。共享经济对参与者个体的影响有三个方面。①经济方面。在共享经济模式下，参与者个体基于共享平台可以通过分享闲置资源获得额外的经济收入，也可以通过共享平台获得更加多样的消费选择，在有限的经济条件下可以拓展消费范畴，以更经济的方式满足求新求变的需求。②社会关系方面。共享经济还有利于社会资本的积累[1]，Molz（2013）[154] 以某旅游住宿共享平台为例进行了研究，发现旅游住宿共享可增加人与人之间的亲密度。此外，有学者对共享经济领域社会资本创建的局限性或消极影响进行了研究，例如，Schor 等（2016）[155] 研究指出在共享背景下人与人之间的互动型社会关系具有一定的局限性，认为共享平台将底层工人阶级背景的参与者排除在外。还有学者得出同样的结论：在共享背景下的人际互动通常局限于文化资本雄厚的中产阶级人士交际圈[81,156]。③消费行为模式方面。有学者研究发现 P2P 住宿在社交和经济性方面的优势显著影响游客目的地选择范围、旅游频率、住宿时间和参与的活动数量，住宿成本的降低使得游客可选择以往经济能力承受不起的目的地和活动[157]。类似的，有学者基于某住宿共享平台探究了共享经济对游客行为变化的影响，指出该共享平台所带来的游客行为变化主要反映在旅游目的地偏好方面和住宿类型偏好方面的变化[158]。

2.2 共享经济下制度信任研究

2.2.1 共享经济下平台制度机制研究

制度机制是由第三方或平台本身建立和实施的承诺、法规、担保、法律资源或其他程序，用以确保共享交易发生的适当条件。Zucker（1986）[28]指出，平台机制被制度化的目的在于保证在现代复杂社会情境下所有的交易能按之前的承诺进行。与电子商务平台一样，在线共享平台也具有虚拟性和管制稍松的特征，这进一步强调了在线信任机制建设的必要性。过往关于制度机制的研究主要集中于电子商务领域，主要学者代表有 Pavlou 和 Gefen，他们在早期的研究中提出在线 B2B 市场的制度机制包括监控、认证、法律关系、反馈、合作规范等[54]。随后，在线市场的制度机制指标又发生变化，Pavlou 和 Gefen（2004）[30]指出，除前述机制外，某些在线市场还包括第三方托管服务、在线信用卡担保和隐私保护等机制。Gefen 和 Pavlou（2012）[159]进一步指出，除前述常见的在线机制外，某些在线市场还建立了一套市场驱动机制，为在线安全交易提供坚实基础。

在共享经济领域，目前也有学者关注平台机制相关研究，例如国外学者Keetels（2013）[16]研究了协同消费领域 P2P 产品服务系统平台的制度机制指标及其对消费者参与协同消费意愿的影响，认为 P2P 协同消费平台机制包括审核、隐私保证、监控规定、支付安全、担保安全、审核制度、信息披露等，并实证发现审核机制、担保机制（保险）、信息披露及合作规范机制对消费者参与协同消费的意愿具有正向影响。国内学者贺明华和梁晓蓓（2018b）[9]从消费者感知视角研究证实了共享平台四个制度机制（反馈机制、认证与审核机制、隐私保证机制和争议解决机制）的感知有效性能显著增强消费者信任和降低感知隐私风险，进而增强消费者持续共享意愿。还有学者研究了共享平台机制对消费者信任的影响，例如 Teubner 和 Hawlitschek（2018）[21]研究证实了平台对服务提供方的审核认证机制正向影响消费者对服务提供方的信任，有学者通过研究发现平台的担保机制正向影响消费者对平台的信任[18,21]，还有学者研究表明平台的声誉机制正向影响消费者对平台的信任[18]。

2.2.2 共享经济下信用机制研究

信用机制也称声誉机制或声誉系统。声誉系统自动记录所有在线评论，为每个服务提供方和消费者推出一个信誉评分，并将在线评论数量和信用评分公开，便于服务提供方和消费者查询或基于对方的信用分值决定是否参与共享交易。从某种程度上说，信用机制不仅有助于建立供需双方消费者之间的信任，还便于需方消费者基于信用分选择合适的服务提供方以促进共享交易的顺利达成。目前，共享平台的信用机制主要分为在线 P2P 机制和第三方认证机制，其中在线 P2P 机制包括在线评级/评分机制和在线评论机制[22]。

已有关于共享经济信用机制的研究文献较少，国内学术界大多从理论层面强调信用机制建设的重要性，并呼吁尽快针对共享经济建立植根于社会信用体系的信用机制。国外学者关于共享经济下信用机制的研究稍多一些，按照研究主题进行系统梳理，主要分为以下几个方面。

（1）信用机制的有效性及对策研究。目前，共享平台声誉系统所采用的算法在本质上是不透明的，且通常由第三方商业组织进行操作，因此，声誉系统的有效性令人生疑。例如，有学者指出，某住宿共享平台采用的五星信用评价系统有一个显著的特点，即消费者给服务提供方的评论或评价等级基本上均高于四星，这大大降低信用评价系统的有效性和可信性[160]。同样，有学者对该住宿平台研究后发现，该平台上的在线评论均系统性地偏向积极评价结果，且该平台上服务提供方和需方消费者的在线评级和评分总比同类平台高出很多[12,139]。因此，有学者建议 P2P 共享平台要借鉴商业银行和其他信用评级机构的信用体系，为平台设计合适的信用评级评估体系[161]。

（2）信用机制的影响研究。Abrahao 等（2017）[162]研究证实某住宿共享平台的声誉系统以及平台提供的星级评级和评论数量能拉近租客与房东之间的社会距离，进而显著提升租客对房东的信任水平；Teubner 等（2017）[163]研究表明某住宿共享平台声誉系统中房东的信用评分对房东报价有影响，即信用评分越高，租金报价越高；还有学者发现，共享平台的嵌入式声誉系统能降低共享交易成本[63]、减少信息不对称[22]，甚至还会影响经济可持续性[164]；Liang 等（2018）[165]等研究发现电子口碑（在线评论）显著正向影响消费者的感知价值和重购意愿，且对感知风险的负向影响显著。

综上，已有研究关注了共享经济信用机制的重要性、有效性及影响效应，以国外学者和国外共享平台居多。鲜有国内学者从消费者感知的角度实证探析共享平台信用机制对消费者持续共享意愿的影响机理。

2.2.3 共享经济监管机制研究

共享经济及其监管已成为各国政府高度关注的议题。与传统行业相比，政府对共享经济的监管尚存大量的"留白"问题。因此，很有必要探究共享经济与政府监管之间的关系。已有相关研究，主要包括以下方面。

（1）共享经济带来的监管问题与挑战研究。国外学者主要从定性层面探讨共享经济以及共享平台运营所带来的监管难题，例如，Munkøe（2017）[166]指出，政府监管部门当前应着重解决共享经济下服务提供方与平台之间的契约关系、平台身份认证、保险、税收、负面外部效应等方面的监管问题；Cohen 和 Zehngebot（2014）[167]认为，当前许多共享平台的运营处于灰色地带，这既给共享参与者和第三方带来不确定性，又给政府在保险、税收、就业和公民权利等方面带来监管难题。Thorne 等（2017）[168]进一步表示，尽管共享经济带来了诸多利益，但也带来了三个方面的监管挑战，包括雇佣关系的合理分类、私有财产的使用以及用户数据隐私和安全。国内学者主要从理论层面分析共享经济商业模式与我国现有政府监管体系之间存在的矛盾以及由此带来的监管困境，例如，谭海波等（2018）[169]认为我国政府对共享经济的监管面临一系列的缺位（监管不足）、越位（监管过度）、错位（监管不当）问题，并指出制度短缺（政府监管制度滞后于共享经济模式创新）是主要原因。

（2）政府、平台企业和消费者对于共享经济监管的响应与态度研究。政府层面，对于共享经济发展的监管态度主要有三种：监管、不完全监管和观望[170]。总体而言，政府级别越高，越倾向支持对共享经济进行监管[171]；平台层面，有学者指出共享经济初创企业应主动配合政府监管部门采取的监管行动，积极回应政府监管部门的关切[172]；消费者层面，有学者研究消费者认可平台企业自律监管以及消费者社区的自我管理[65]。也有学者研究证实政府监管及"政府监管+行业自律监管"的混合监管模式能有效抑制感知隐私风险、提高消费者信任水平，进而增强持续共享意愿[10]。

（3）共享经济的监管原则与对策研究。学界普遍认为，对于共享经济的监管政策不存在普适性，应基于辅助性原则和灵活性原则由各级地方政府根据实际情况制定相应监管文件与制度[173]。也有学者建议采用实验性监管，鼓励地方政府率先监管，取得成功经验后再进行大范围推广[174]。不少国内学者也提出了共享经济监管原则与对策，例如，唐清利（2015）[175]提出"合作监管+自律监管"的混合监管模式；刘绍宇（2018）[176]指出，要实现共享经济的合理规制，必须有效整合自我规制和政府规制的优劣，引入合作规制模式，并认为在该模式下，政府与私人主体为实现规制目标必须在规制的全过程保持合作。郝凯（2017）[177]提出"鼓励创新、包容审慎和协同监管"的共享经济监管思路；赵景华等（2017）[178]建议对不同类型的共享经济发展采用差异化的监管策略；谭海波等（2018）[169]提出适应性治理策略，构建"政府、平台、企业、社会"多元共治的协同监管模式；李鑫（2017）[179]提出建立以信用为核心的共享经济分类监管体系是解决当前共享经济监管困境的有效策略。沈广明（2018）[180]认为要以辅助性原则为基点对我国共享经济进行监管，并指出平台类共享经济的监管可采用"政府管平台、平台管供方"的模式，而陈元志（2016）[181]基于 Van Gossum 等（2010）[182]的综合分析框架，提出适合我国国情的共享经济创新友好型监管政策。

（4）共享经济下的行业自律监管研究。当前共享经济面临的一些问题除了通过政府监管途径解决，共享经济平台以及现有非政府利益相关者还可通过自律监管方法解决。Julia（2001）[183]将行业自律监管分为自愿型自律监管（voluntary self-regulation）、被迫型自律监管（coerced self-regulation）、认可型自律监管（sanctioned self-regulation）和委任型自律监管（mandated self-regulation）。已有文献关于共享经济的行业自律监管研究不多，主要包括三种。①自律监管的作用及缺陷研究。刘绍宇（2018）[176]指出行业自律监管能显著解决共享经济中存在的信息不对称问题，但区别于传统的行业自律监管，共享经济自律监管主要是指平台自律监管。相应地，有学者指出共享经济的自我规制平台能快速感知市场变化和技术变化，却无法解决外部性问题[184]。②共享经济自律监管成功的要素。有学者指出，共享经济自律监管成功要素主要包括可靠的执法机制（credible enforcement mechanisms）、合法性感知（perception of legitimacy）和声誉的力量（power of reputation）[185]。③共享经济自律监管解决方案。Cohen 和 Sundararajan（2017）[185]认为，当前共享经济自律监管应把握以下两点：首先，共享经济自律监管机构应由多个利益相关方成员组成，并能对各个成员执行充分控制以确保遵守制定的所有规则，对成员违规行为的处罚成本要高于不当得利成本；其次，共享经济自律监管方案必须透明、公开并能接受政府监督。

2.3 共享经济下的信任研究

在共享经济模式下，共享交易任意一方需要对交易对方和共享平台有较高的信任水平，这样共享交易才可顺利达成。交易对方的机会主义行为可能会造成严重后果，例如共享物品损坏、非法使用个人隐私信息，甚至危及人身安全。因此，信任是克服共享经济模式下不确定性和降低风险的关键因素。通过对已有关于共享经济下信任相关文献分析发现，已有研究主要归为两大类。

一是信任的前因机制研究。学界分别从共享平台、服务提供方以及消费者本身等层面探究影响信任的前置因素。①共享平台层面：研究证实影响消费者信任的平台因素主要包括共享平台的声誉[18]、声誉系统[19]、声誉反馈[20]、声誉指标（例如声誉分数、评价和文本评论等）[21-22]、平台网站质量[21]以及保证机制[18, 21]。②服务提供方层面：研究证实影响消费者信任的服务提供方层面的因素包括服务提供方的声誉[12]、服务提供方的个人特征（例如照片和头像）[23]和信息完整性[24]、消费者与服务提供方之间的互动经历[25]、对服务提供方信息（包括犯罪记录、银行账户、证书或能力等）的审核[21]。③消费者自身层面：研究证实影响信任的消费者自身因素包括与感知风险相关的因素，例如，对服务提供方机会主义行为的担忧[18]，以及消息者的信任倾向[18]。

二是信任的影响机制研究。已有研究分别从服务提供方和需方消费者角度关注信任对共享意愿、态度、满意度、决策行为以及共享行为等方面的影响。①服务提供方角度：研究证实信任对服务提供方共享意愿具有积极促进作用，例如，Mittendorf（2017）[186]研究表明信任对住宿平台上房东加入共享平台的意愿具有显著正向影响，Ingrid等（2014）[187]对共享汽车司机进行调查后发现信任对车主参与共享的态度具有正向影响。②需方消费者角度：过往有不少研究证实了信任直接影响着消费者的共享意愿，例如，Barnes 等（2016）[27]研究证实信任对消费者的租赁意向具有正向影响，Ert（2016）等[12]发现基于视觉的信任对消费者的购买选择和价格具有重要影响，类似地，有学者指出，在共享经济下的交易具有较明显的社会性和人际性特征，因此人脸产生的信任感是进行共享交易的前提条件[21]。有学者发现共享参与人员彼此之间的信任也会影响消费者的共享意愿。例如，Kamal 和 Chen（2016）[25]研究证实共享成员之间的信任对参与共享意愿具有直接影响；Hawlitschek 等（2016）[188]研究发现对平台上其他用户的信任是影响消费者选择 P2P 共享租赁平台的主要因素之一；Albiston 等（2014）[189]研究确认人际信任是消费者参与共享旅行的主要驱动因素。还有学者研究证实信任对消费者持续共享意愿具有显著正向影响[11, 26, 132]。

通过对现有共享经济相关文献的梳理，本书总结了共享经济下信任的前因变量与结果变量，如表 2.3 所示。

表 2.3　共享经济下信任的前因变量与结果变量

信任	前因变量	代表文献
需方对平台的信任	平台声誉、平台网站质量、保证机制	贺明华和梁晓蓓（2018a）[125]；Teubner 和 Hawlitschek（2017）[21]；Möhlmann（2019）[18]
	平台优势、安全与隐私	Yang 等（2016）[36]；贺明华等（2018c）[10]
	声誉、善意、社会存在	Kim 等（2015）[37]
	安全支付、用户界面设计、隐私保护和安全、保险等	Schaft（2014）[190]
	平台支持、视觉信息、社会存在感、安全、隐私等	Chmaytilli 和 Xhakollari（2016）[38]
需方对供方的信任	服务提供方的声誉、互动和熟悉度	Yang 等（2016）[36]；贺明华和梁晓蓓（2018a）[125]
	善良、诚意、可信度和能力	谢雪梅和石娇娇（2016）[191]
	系统保障、用户背景审查、感知声誉、信息量、社会存在、信任倾向	Kamal 和 Chen（2016）[25]
	档案信息、声誉机制、支付定金、交易历史、身份验证、社交媒体整合	Schaft（2014）[190]
	信任倾向、乘客对平台的信任	Mittendorf（2017）[186]
	互动产生的社会临场感、网上声誉	Chmaytilli 和 Xhakollari（2016）[38]
供方对平台的信任	信息质量、隐私、平台支持、视觉信息	Mittendorf 和 Ostermann（2017）[192]
供方对需方的信任	对平台的信任、网上声誉、互动产生的社会临场感	Chmaytilli 和 Xhakollari（2016）[38]

结果变量	代表文献
对平台的依恋	贺明华和梁晓蓓（2018a）[125]
持续共享意愿	Möhlmann（2015）[11]；梁晓蓓等（2018）[127]；贺明华和梁晓蓓（2018a）[125]；贺明华和梁晓蓓（2018b）[9]；贺明华等（2018c）[10]

续表

结果变量	代表文献
参与意愿和推荐意愿	Kamal 和 Chen（2016）[25]；Barnes 等（2016）[27]；Mittendorf（2017）[186]；Albiston 等（2014）[189]；Wu 等（2017）[193]
购买决策行为	Ert 等（2016）[12]；Hawlitschek 等（2016）[188]；Edelman 和 Luca（2014）[194]
共享态度	Ingrid 等（2014）[187]
满意度	Möhlmann（2015）[11]
感知风险	Kim 等（2015）[37]；贺明华和梁晓蓓（2018b）[9]

2.4 共享经济下的感知风险研究

营销领域过往有大量研究关注感知风险的维度。例如，Featherman 等（2003）[195]将在线服务情境下的感知风划分为七个维度：隐私风险、财务风险、性能风险、时间风险、社会风险、心理风险和整体风险。Jacoby 和 Kaplan（1972）[196]将感知风险分为六个维度：安全/隐私风险、财务风险、时间损失风险、性能风险、人身风险、社会风险。Luo 等（2010）[197]对这种两种维度分类进行整合，并证实感知风险的八个维度（隐私风险、财务风险、时间风险、人身安全风险、性能风险、社会风险、心理风险和整体风险）对移动银行采纳意愿的影响。

在共享经济下消费者也同样会面临类似的风险。共享产品或服务的质量难以观测和评估，这极大提高了消费者的感知风险水平。现有共享经济相关研究也有关注到感知风险对消费者行为决策的影响。但是，现有相关研究主要关注人身安全风险和隐私风险对消费者共享意愿和行为决策的影响，例如，感知隐私风险显著负向影响持续共享意愿[10]，安全风险感知对消费者忠诚度具有显著负向影响[129]。此外，现有关于感知风险维度的相关研究主要基于供方（服务提供方）视角，例如，Malazizi 等（2018）[198]以民宿平台为例，从服务提供方的角度归纳出感知风险的五个维度，分别是安全风险、财务风险、服务风险、政治风险和心理风险，并证实安全风险、财务风险和心理风险对消费者满意度有显著负向影响。因此，为了丰富现有学术文献，本书基于现有研究并结合特定研究情境，从需方视角将感知风险分为四个维度，即隐私风险、人身安全风险、财务风险和时间风险。表 2.4 列出在共享经济下需方视角感知风险的四个维度及其定义。

表2.4 风险维度及定义

风险维度	定 义
隐私风险	消费者在使用共享平台享受共享服务过程中或之后，在不知情或未经许可情况下因个人信息被泄露或恶意传播而造成的潜在损失
人身安全风险	消费者在使用共享产品或服务过程中可能遭受的人身攻击或安全威胁
财务风险	由于共享交易价格变化或平台在线交易环境变化而给消费者带来的财务损失担忧或由于欺诈造成的实际财务损失。
时间风险	消费者在搜寻共享服务或产品时可能浪费的时间或者下单后由于共享服务或产品发送不及时而可能浪费的时间，尤其是当共享产品或服务不符合预期时更换共享产品或服务所浪费的时间。

2.5 文献述评

目前，共享经济的发展仍处于探索期，学术界关于共享经济相关的理论研究还比较滞后，国外学者也是近年来才开始关注该领域，并取得一些研究成果。与共享经济相关的研究主要集中在共享经济的基本内涵界定、共享经济模式下的协同消费意愿/行为和共享经济的影响效应等方面。现有研究存在以下不足。

第一，关于消费者意愿/行为的相关研究，多数聚焦于初始阶段的参与意愿/行为研究，鲜少关注持续共享意愿/行为；在参与意愿/行为影响因素变量的选择方面，过往研究多数集中于动机维度[11, 199]、有用性、易用性等变量，少数研究关注到了共享平台制度机制以及外部监管制度对消费者参与意愿/行为的影响。然而，鲜有研究考虑到消费者个体特征（例如性别等）在制度机制方面对消费者行为意愿之间关系的影响，对于消费者个体特征的调节作用机制仍不明晰。本书认为，由于男性和女性有不同的需求结构和需求期望值，他们在行为决策方面存在差异。过往大量研究表明，性别在决定新技术或新服务接纳行为方面发挥着重要作用，例如，Chen 等（2010）[46]认为，在线服务情景下，男性和女性在使用模式、使用方式和特定应用的偏好方面存在差异，使得男性和女性在参与态度、行为意愿方面存在差异性。营销领域过往研究表明，对风险和信任的评价或感知存在性别上的差异，并证实性别对于感知利益、感知风险、信任与使用意愿之间的关系具有调节作用[200]。因此，本书认为，很有必要对性别在制度机制与消费者信任之间关系中所表现出的差异性作用进行研究。

第二，在现有关于共享平台制度机制建设相关的研究中，有学者探究了共享平台部分机制（例如审核验证、声誉、担保等机制）有效性对消费者行为的影响[16]。过去探讨的共享经济制度机制的研究对象多数是国外成熟的共享平台企业，仅有少数实证研究关注国内平台企业[125]。现有文献对国内共享平台企业制度机制和监管机制有效性的问题缺乏足够重视。本书认为，国内外共享经济的发展阶段以及平台企业的资产规模不同，制度机制的有效性可能会存在较大差别，国内新兴平台企业起步较晚，运营模式和机制建设相比国外共享平台的仍不成熟，其对消费者行为带来的影响效应还不足以引起政府高度重视。目前基于消费者感知角度探究国内平台制度机制和监管机制与消费者共享意愿之间关系的研究尚处在起步阶段，不同机制的有效性如何、所产生的影响存在怎样的差异以及内在的影响机理亟须明晰。

第三，已有文献关注到在共享经济下社会互动及其相关变量（例如社区归属感、社会关系、社会资本、社会利益等）的研究，多数集中在动机维度和行为意愿的影响因素层面，例如，社区归属感显著正向影响参与共享的满意度[11]，社区归属感意识能促进用户积极参与共享[55]，以及社会资本是消费者参与共享意愿的关键驱动因素[56]，等等。然而，在线互动、面对面互动、社交因素等共享经济下的信任独特性因素是否会影响消费者信任，进而影响消费者行为意愿，鲜有学者关注。

第四，大多数学者肯定了消费者信任在共享经济下的重要性，并有不少文献对信任与消费者行为意愿之间的关系进行了研究[9-11, 125, 201]，也有学者实证分析了共享经济下影响消费者信任的平台制度因素和外部监管因素[9-10, 16, 202]，但对共享经济下平台制度因素和外部监管因素共同影响消费者信任的机理缺少必要的关注。此外，鲜有研究关注性别等个体特征因素在消费者信任前因机制方面的调节作用。

第五，在已有关于共享经济的研究中，有学者认识到包括隐私风险在内的感知风险的负面影响，例如，共享经济就是一段个人隐私的开放之旅，急需出台新的监管措施[203]，将共享经济消费维权放在更关键的位置[204]。少数研究证实了感知风险对共享意愿的负向影响，例如，感知隐私风险显著负向影响持续共享意愿[10]，安全风险感知对消费者忠诚度有显著负向影响[129]。然而，已有关于感知风险对参与意愿/行为的实证研究均是从感知风险单一维度的影响角度出发，鲜有学者考察多维度感知风险对参与意愿/行为的影响。并且，对于共享经济模式下多维度感知风险与消费者信任之间的关系以及两者结合对持续共享意愿的影响鲜有理论和实证上的翔实解析。

基于此，本书认为未来研究可从以下几个方面弥补现有研究关于共享经济模式下参与意愿/行为研究的不足。

第一，应关注中国情境下新兴共享平台相关的研究。在已有研究中，大多数研究是基于国外成熟的共享平台展开，新兴平台企业尤其是中国情境下的共享平台企业尚未得到学术界的足够重视。国外成熟的共享平台企业已经拥有较庞大的消费者群体，并且在共享经济领域已经占据了较为理想的位置，而国内新兴平台企业起步较晚，消费者认可度不高，在共享经济市场的地位有待提高。因此，未来应更多关注中国情境下新兴共享平台企业相关的研究。

第二，应关注共享经济环境下制度信任与消费者对平台信任之间的关系及其对消费者行为意愿的影响研究。在已有关于消费者参与共享经济的影响因素研究中，肯定了信任在共享经济环境下的重要性，并且分析了信任单一维度对于消费者参与意愿或态度的作用机制，但对消费者对平台信任的前置因素和影响机制缺少必要的关注。据共享经济领域相关学者证实，共享经济最重要的一个要素就是人们对于平台的信任和共享交易对方的信任（可称为人际信任）[1]，而在平台上陌生人之间的人际信任较难形成，因此，对平台的信任是消费者参与共享经济必不可少的要素。本书认为，厘清共享经济下制度信任与消费者对平台信任之间的关系及两者对消费者参与意愿/行为的影响，同时考察性别在制度信任与消费者对平台信任之间的差异性，有利于平台培育参与行为，实施差异化营销策略，进而扩大共享平台企业的群体基础，实现平台可持续发展。

第三，应关注政府政策或监管层面在共享经济发展中的作用。共享经济作为新兴经济模式，目前尚处应用孕育期，平台在扮演沟通协调者角色时仍存在经验不足、管理模式不成熟、同质化竞争严重等问题，同时，由于共享经济商业模式在一定程度上规避了政府监管，存在诸如劳工权利侵蚀、避税等问题[205]。这些问题也给社会和公共政策带来诸多挑战，亟须政府部门加以应对和解决。然而，在已有研究中，仅有少数学关注到政府政策或政府监管层面（包括行业自律监管）对消费者参与意愿/行为的影响。因此，未来研究应关注中国情境下政府主管部门和行业协会在共享经济发展和消费者参与行为中的作用。

第四，应关注共享经济下社会互动的作用研究。共享实践深深植根于人际关系中，并亟须在参与者之间建立联系、增强信任并保证参与者之间的互惠性[55]。共享经济还有利于社会资本的积累[1]，并可增加人与人之间的亲密度[154]，促进协同消费社区的创建。因此，未来研究应关注共享经济下社会互动在增强消费者信任、促进共享社区治理创新方面的作用。

第五，应关注共享经济带来的消费者风险和社会风险研究。共享经济在给消费者和社会带来利益的同时，也会带来一定风险，例如消费者人身安全风险、消费者隐私泄露风险、财务风险、公共安全风险等，这些风险已得到广泛关注，并且是政府关注的重点。然而，在目前关于共享经济影响效应的研究中，鲜有学者关注消费者风险和社会风险的实证研究。在未来研究中，一方面可基于我国主流共享平台上因共享交易而发生的事故数据进行实证分析，另一面可采用适用于特定共享平台的风险管理方法，系统地识别潜在的消费者风险和社会风险，并根据风险的发生频率和影响程度对这些风险进行理论计算。

2.6 本章小结

本章系统回顾和总结了共享经济的已有相关研究，既有共享经济的内涵、类型和特征研究，驱动因素研究也有共享经济下参与者行为研究、制度信任研究和消费者信任研究。这些研究成果为本书提供了丰富的理论基础。

（1）共享经济内涵界定是开展共享经济相关研究的前提。共享经济和分享经济是两种不同的经济或商业模式，两者之间最大的区别在于使用权是否具有排他性以及是否受时空等因素的制约。共享经济在严格意义上是指平台经济，而分享经济是租赁经济。

（2）共享经济发展的驱动因素为本书提供了情境支撑。共享经济的发展与繁荣主要受经济因素、技术因素和社会因素的驱动。

（3）共享经济下参与者行为研究是消费者行为研究的重要研究分支。现有研究分别从混合视角、供需方区分视角探究了参与共享经济的主要动机和影响因素。

（4）平台制度机制和政府监管是共享经济可持续发展的保障。制度机制是制度信任的主要维度，为供需方之间共享交易的安全、顺利达成提供坚实基础。平台制度机制和政府监管机制越有效，消费者对共享经济和共享平台的信任水平越高，进而增强持续共享意愿和行为。

（5）信任是共享经济的核心，也是共享经济平台企业最重要的投资变量。信任是克服共享经济模式下不确定性和降低消费者感知风险的关键因素，也是增强共享意愿的重要前置因素。厘清共享经济下消费者信任的形成机理和影响机制业已成为学界共同关注的主题。

（6）已有共享经济相关研究成果为消费者信任研究提供了丰富的理论基础，但同时存在一定的理论缺口。例如，现有制度信任的研究较少考虑政府监管和行业自律监管机制，消费者信任的影响因素研究忽略了在线互动、面对面互动、社交因素等共享经济下的信任独特性因素。为此，需要挖掘新的研究视角，以弥补现有理论上的缺口。

因此，本书拟将在线信任理论、制度信任理论和社会渗透理论引入共享经济 C2C 情景，并作为本书的主要理论基础。下一章将详细介绍本书的主要理论基础。

第3章 主要理论基础

3.1 在线信任

3.1.1 定义与理论视角

信任的研究遍布多个学科，包括社会学、经济学、心理学、哲学等，且各个学科对信任的定义存在差异。因此，目前尚未有关于信任的明确定义，唯一能达成共识的是信任是一种高度主观性构念，并且包含多个维度。管理学界普遍认可的信任定义是 Mayer 等（1995）[206] 提出的定义：信任就是指在一方有能力监控或者控制另一方的情况下，由于期望对方采取有利于己方利益的行动而愿意承受对方行为给己方带来的损害的状态。Mcknight 等（2002）[31] 认为个人信任水平高低的关键在于是否能降低感知风险和不安全感。

Cheung 和 Lee（2006）[207] 提出了信任的三个理论视角，分别是社会心理学视角、人格特质视角和社会学视角。其中，社会心理学视角关注个体之间的交易行为，基于该视角，Mayer 等（1995）[206] 指出了人际间信任的三个组成维度：能力、正直和善意。在人格特质视角下，学界认为信任是一种植根于人格特征的信仰、期望或情感，这是个体愿意信赖他人的一种普遍倾向，即信任倾向（disposition to trust）[16]。在社会学视角下，信任被视作制度理念，主要关注制度和激励机制在降低陌生人之间交易相关的焦虑和不确定性方面所发挥的作用[28]。

此外，Mcknight 等（2002）[31] 提出了另外两个关于信任的理论视角：基于认知的信任和基于情感的信任。在基于认知的信任视角下，学界认为人们在初次打交道时就会形成一种信任感，称之为初始信任（initial trust）。初始信任是指对陌生人的信任，表示施信者与受信者之间未曾相识，并且施信者事先并未收集关于受信者相关的信息。在基于情感的信任视角下，学界认为信任是基于经验和社会交往逐渐形成的。

3.1.2 在线信任模型

结合多个学科领域关于信任研究的文献资料，Mcknight 等（2002）[31] 提出了一个在线信任模型，如图 3.1 所示。根据该模型，在线信任包含四个维度，分别是信任倾向、制度信任（institution-based trust）、信任信念（trusting belief）和信任意愿（trusting intention）。模型中的信任倾向变量包括人性信任和信任立场两个子变量，是指个体在任何情况下所表现出依赖他人的普遍倾向程度，可以认为是个体扎根内心深处的、与生俱来的一种信念、期望和感受。制度信任包含结构保证和情景规范性两个子变量，是源于发生交易的外部环境因素，是指消费者（买方）感知到有完善的制度机制来保证交易的成功。信任信念是单维变量，是指施信者相信受信者具有与他/她相同人格特征（能力、正直和善意）的程度。在共享交易过程中，信任信念指需方或供方相信对方具有相同能力、正直和善意的程度。信任意愿是单维变量，是指施信者相信受信者并愿意依赖受信者的意愿程度。在共享交易下，信任意愿可理解为需方或供方通过在线共享平台使用或共享个人物品的意愿。

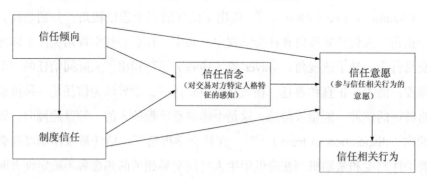

图 3.1　在线信任模型[31]

在线信任模型是以理性行为理论（TRA）[208] 作为理论基础，模型中各个变量之间的关系如图 3.1 模型所示。信任倾向对制度信任、信任信念和信任意愿均具有直接正向影响；制度信任对信任信念和信任意愿有直接正向影响；信任信念对信任意愿具有直接正向影响。在线信任模型中涉及的各个变量的定义如表 3.1 所示。

表3.1　在线信任模型中各个变量的定义[31]

变量	定义
信任倾向	对他人信任的总体倾向，即在不同情境和针对不同个人的情形下，个体愿意依赖他人的倾向程度
人性信任	认为他人是正直和值得依赖的，是对他人能力、正直和善意的普遍信仰
信任立场	无论相信他人的人格与否，个体总认为在与他人交易时能取得好的结果
制度信任	个体对制度环境结构特征的感知，相信有必需的结构条件来提高交易成功的可能性
结构保证	个体认为能提供诸多担保、法规、承诺、法律追索权或其他程序等制度结构来保证交易的成功
情景规范性	个体认为交易环境合理可行且交易可能成功达成，原因是情境正常有序以及交易对方具有以下人格特征：能力、正直和善意
信任信念	施信者认为受信者具有有利于他/他的人格特征
信任意愿	施信者依赖受信者的意愿
能力	受信者满足施信者需求应具备的能力
正直	受信者满足施信者利益应有的关爱与动机
善意	受信者诚实守信

3.2　制度信任

3.2.1 制度信任的范畴

制度信任（也称基于制度的信任）概念最早由 Zucker（1986）[28] 提出，他把信任分为三种类型：基于特征的信任（characteristic-based trust）、制度信任（institution-based trust）和基于过程的信任（process-based trust）。Zucker（1986）[28] 对三种类型的信任进行了定义：基于特征的信任是指基于交易双方相似的社会特征（如种族和国籍）有助于建立交易双方之间的个人关系；制度信任是指通过法律制度和专业运行机制等正式的社会保障机制来建立交易双方之间的信任。其于过程的信任是指基于过往信任经历和过往经验而建立起来的信任。

随着在线交易日趋成为主流，制度信任也愈为重要，因为在在线情景下交易双方之间的信任需要有稳定的制度机制来保障。继 Zucker 之后，又有许多学者强调了制度信任的重要性，例如，Bachmann（1998）[209]认为，信任研究中首要的问题是厘清制度环境在交易关系之中所起的作用，Möllering（2006）[210]认为，制度是交易双方之间建立信任的基础，因为制度可确保之前无交易经历的双方实现共同愿望。同样，制度信任的重要性也得到电子商务领域学界的认同，例如，Mcknight 等（2002）[31]指出，在电子商务情境下交易双方无过往互动经历的情况下，制度信任可促进交易愿望的达成；Pavlou 和 Gefen（2004）[30]指出，制度信任特别适用于在线市场，因为买方主要与陌生的卖家进行交易。因此，制度信任是电子商务情境和在线交易情境下人际信任的前置因素。

通过梳理电子商务领域已有文献，发现关于制度信任的研究范畴可归纳为宏观、中观和微观三个层面[51]。宏观层面的制度信任主要指对电子商务总体环境的信任，例如：结构保证与情景规范性[31]、对公共管理的信任、对网络的信任以及社会信任。中观层面的制度信任是指对本地电子商务环境的信任，例如：对卖家社区的信任、对市商和平台的信任等。微观层面的制度信任主要关注买方与卖方之间的人际关系，主要包括人际信任、对卖方的信任等，该层面的制度信任一般纳入人际信任的研究范畴。表 3.2 为各个层面的制度信任部分变量与结果变量示例。

表 3.2　各个层面制度信任变量

范畴	变量	结果变量	代表作
宏观：对电子商务总体环境的信任	感知电子商务制度机制有效性（PEEIM）、结构保证	社会信任、对公共管理的信任等	Fang 等（2014）[211]；Qu 等（2014）
中观：对在线市场或平台的电子商务环境的信任	感知制度结构有效性（PEIS）、市场驱动机制	对市场的信任、在市场上交易的意愿等	Pavlou和Gefen（2004）[30]；Lu等（2016）[51]
微观：买卖双方人际关系	人际信任、对卖家的信任	与卖家进行交易的意愿	Gefen和Straub（2004）[212]；Bhattacherjee（2002）[213]

3.2.2 制度信任的维度

管理学领域在研究制度信任时，往往将制度信任的维度分为若干个制度机制。制度机制也称制度结构，是由第三方机构或政府主管部门制定并实施的承诺、法规、保证、法律资源或其他程序，旨在创建适当的交易条件以促进交易的顺利达成[30-31]。

纵观过往几十年的研究，制度信任的维度也在不断变化。在传统交易环境下，制度机制包括行政制裁和保障措施，这些制裁和保障措施的适用效力不仅仅局限于特定的交易和特定的交易伙伴[28]。托管账户监管和法定雇佣合同就是传统环境下的典型例子。近些年，诸如第三方托管服务、在线信用卡担保、隐私保护等制度结构不断得到应用，并受到电子商务平台的一致好评。除前述常见在线机制外，一些在线市场以及国内主流共享平台（如共享出行平台）还建立了一套市场驱动机制，包括信用机制、反馈机制、信息安全、认证机制和争议解决等[9, 51]，这些机制共同组成交易制度环境，为买卖双方合作和安全在线交流提供保障。

尽管近年来电子商务制度机制发展迅速，并且可为消费者从事在线交易提供适当法律保护，但不同消费者可能对这些制度机制的有效性感知仍然存在差异[211]。因此，过往关于制度信任的研究采用的变量也有些区别，但多数采用制度机制（或结构）或制度机制（或制度结构）有效性感知这一变量来考察其对消费者行为的影响。本书对过往关于制度信任相关的主要研究文献进行了梳理，并对其定义及组成维度进行了总结，如表 3.3 所示。

表 3.3 制度信任相关变量与维度

变量	定义	维度	来源
结构保证	个体认为能提供诸多担保、法规、承诺、法律追索权或其他程序等制度结构来保证交易的成功	单一维度	Mcknight 等（2002）[31]
制度信任	组织成员共有的主观信念，即相信存在有利于交易成功的有利条件	感知监控、感知认证、感知法律契约、感知反馈和合规规范	Pavlou（2002）[54]

续表

变量	定义	维度	来源
制度结构	由第三方机构或政府主管部门制定并实施的承诺、法规、保证、法律资源或其他程序，旨在创建适当的交易条件以促进交易的顺利达成	反馈机制有效性感知、托管服务有效性感知、信用卡担保有效性感知和对中介市场的信任	Pavlou 和 Gefen（2004）[30]
制度结构有效性感知	买方认为有适当条件促进与卖方社区成功达成交易的程度	反馈技术、托管服务、信用卡担保和对中介市场的信任	Pavlou和Gefen（2005）[214]
电子商务制度结构有效性感知	在线消费者对于在电子商务环境下能提供有效保障措施（例如在线信用卡担保、托管服务和隐私保证）以保护他/她免受在线交易中潜在风险的感知程度	单一维度	Fang等（2014）[211]
结构保证	个体认为能提供诸多担保、法规、承诺、法律追索权或其他程序等制度结构来保证交易的成功	认证、隐私保证、监控规则、付款安全、担保安全、审核机制和信息披露等	Keetel（2012）[16]
制度结构有效性感知	买方认为有适当条件促进与卖方社区成功达成交易的程度	反馈机制有效性感知、托管服务有效性感知、信息安全有效性感知和争议解决有效性感知	Lu 等（2016）[51]
制度信任	由于制度能有效降低彼此未来行为预期风险和决策过程的不确定性，从而使得合作双方在不确定情形下依然相信制度环境能够确保双方未来行为达到预期结果的一种正向心理状态	第三方认证机制有效性感知、第三方监控机制有效性感知、反馈机制有效性感知、法律契约有效性感知及合作规范有效性感知	张海燕和张正堂（2017）[50]
制度信任	合作双方在不确定情形下均相信制度能够确保双方未来行为达到预期结果的一种心理状态，是企业对制度有效性的主观信心而非客观事实	监控机制有效性感知、认证机制有效性感知、反馈机制有效性感知、法律契约有效性感知和合作规范有效性感知	张海燕和张正堂（2017）[215]
平台制度机制感知	消费者感知到共享平台具备相应机制来确保共享交易达成的程度水平，主要关注消费者对共享平台制度机制有效性的主观感受	反馈机制感知、隐私保证机制感知、认证与审核机制感知和争议解决机制感知	贺明华和梁晓蓓（2018b）[9]

变量	定义	维度	来源
感知制度有效性	从出借方感知制度约束下的交往对象、交往行为和交往过程值得信赖的程度	情景规范、结构保证和第三方认证	王秀为等（2018）[216]
制度信任	以制度为对象的信任，在组织中表现为成员对组织制度可信任程度的评价	合法性维度和有效性维度	戚玉觉等（2018）[217]

3.2.3 制度信任研究的主要模型

制度信任这一概念引入管理学领域相关研究之后，国内外学者针对制度信任开展了许多研究，一些经典的研究模型也相继涌现，为开展制度信任相关研究提供了重要的理论框架参考和借鉴。以下按照制度信任的应用情境列出目前学界参考和引用次数较多的四个制度信任研究模型。

模型一：在 B2B 背景下制度信任对组织间信任的影响模型。

鉴于在线交易的不确定性，数字经济迫切需要完善制度结构，以确保在线组织之间建立良好的交换关系。在此背景下，为深入探析在 B2B 市场下制度信任对组织间信任（买方对卖方的信任）的直接影响以及对消费者行为的间接影响，Pavlou（2002）[54] 基于 Zucker（1986）[28] 提出的制度信任概念提出了一个研究模型，如图 3.2 所示。

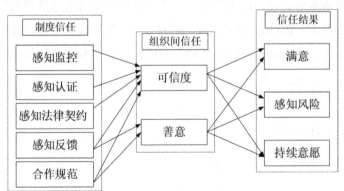

图 3.2 在 B2B 背景下制度信任对组织间信任的影响模型[54]

该研究模型假定制度信任的五个维度（感知监控、感知认证、感知法律契约、感知反馈和合作规范）作为影响组织间信任两个维度（可信度和善意）

的前置因素，通过 102 份企业问卷样本数据进行实证后得出以下结论。①制度信任机制因素中感知监控、感知反馈和合作规范对可信度均具有显著正向影响，而感知认证和感知法律契约对可信度的直接作用不显著。②感知反馈和合作规范均对善意具有显著正向影响。③五种制度信任机制均对结果变量无直接影响，组织间信任在制度信任与结果变量之间起完全中介作用。

该模型的研究结论一方面为 B2B 市场进一步完善制度信任机制和构建一个值得信赖的交易环境提供了重要的实践启示，另一方面为后续开展 B2C、C2C 等电子商务环境下制度信任的研究提供了理论参考，后续研究中关于制度信任的维度基本是在该模型的基础上进行改编。例如，国内学者张海燕和张正堂（2017）[50]就是参考该研究模型探察在我国经济转型情境下制度信任对再次合作意愿的影响，学者 Lu 等（2016）[51]参考该模型中制度信任的维度研究在社交商务市场下制度信任对消费者交易意愿的影响。

模型二：在在线交易市场下制度信任研究模型。

由于电子商务的法律环境不明确和不发达，在线市场中使用的一些制度机制不能像传统市场的那般得到政府部门提供的法律保护和执法。例如，在传统环境中已经明确证明有效的一些制度机制，例如认证或托管等，在在线环境中尚不存在。还有一些在理论上作用较强的制度机制，例如感知法律契约机制等，可能被在线用户认为是无效的。相反，一些市场驱动机制（例如反馈机制）越来越多地被视为在线市场中制度机制的重要补充或法律机制的替代机制。在此背景下，Pavlou 和 Gefen（2004）[30]基于社会学和经济学理论提出了一个在在线交易市场下制度信任的影响模型，其中制度信任如图 3.3 所示。

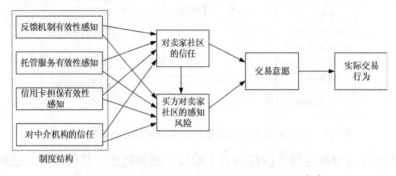

图 3.3　在在线交易市场下制度信任研究模型[30]

相比图 3.2，该模型有了较大变化。首先，制度信任的维度采用制度结构这一二阶变量来表示；其次，一阶变量中的制度结构变量仅保留了反馈机制，原先的监控机制、认证机制、法律契约替代为市场驱动制度机制，即托管服务有效性感知、信用卡担保有效性感知以及对中介机构的信任；再次，中间变量由对单一组织的信任（一对一信任）改为对卖家社区的信任（一对多信任），并且，对卖家社区的信任还在制度信任与感知风险之间具有中介作用；最后，感知风险变量由制度信任的间接结果变量改为制度信任的直接结果变量及中介变量，在假设中强调了制度机制有效性感知在降低买方感知风险方面的直接作用。

Pavlou 和 Gefen（2004）[30] 通过对该模型中的假设进行实证检验后发现，反馈机制有效性感知、托管服务有效性感知以及对中介机构的信任能显著增强买方对卖家社区的信任水平，但这三种制度机制有效性感知对感知风险无明显抑制作用，仅可通过对卖家社区的信任这一中介变量间接降低感知风险。该研究模型为后续开展在电子商务情境和共享经济情境下制度信任的研究做出了以下理论贡献。①提出适合在线交易环境的市场驱动制度机制维度，并首次采用"制度机制有效性感知"这一构念。Gefen 和 Pavlou（2012）[159] 认为，虽然市场驱动制度机制是基于客观角度设计的，但因买方个体的心理和认知水平不同，对这些制度机制的有效性感知也会存在差异，进而影响各自的购买决策。②证实了在法制环境和监管机制尚不健全的情境下，市场驱动制度机制在构建有效在线市场方面能起着与法定机制相同的作用，且成本更低。③将制度信任、对卖家社区的信任和感知风险同时纳入研究框架作为影响交易意愿/行为的前置因素，并证实对卖家社区的信任和感知风险在制度信任与交易意愿/行为之间起着完全中介作用。

模型三：在电子商务情境下制度信任研究模型。

过往研究表明，在电子商务情境下，制度信任能克服顾客不确定性及其对卖方机会主义行为的担忧，因此，制度信任是留住顾客的关键因素。然而，在电子商务情境下制度信任对顾客重购意愿的影响研究中，鲜有学者关注制度信任在信任与重购意愿之间的调节作用。在此背景下，Fang 等（2014）[211] 提出一个研究模型，旨在探讨在电子商务情境下制度信任在信任与重购意愿之间以及在满意与信任之间的调节作用，如图3.4所示。

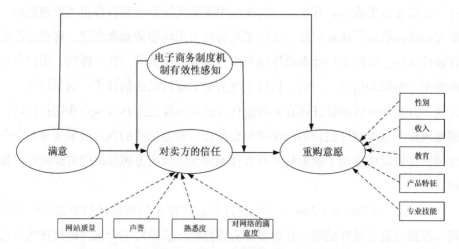

图3.4　在电子商务情境下制度信任研究模型[211]

在该研究模型中，Fang等（2014）[211]基于Pavlou 和 Gefen（2004）[30]的"制度结构有效性感知"构念，提出了"电子商务制度机制有效性感知"构念。该研究与过往研究具有以下不同之处：首先，该研究关注"电子商务制度机制有效性感知"在降低感知风险方面的作用，例如，强调第三方保护措施可以保护消费者免受在线购物的潜在风险（包括个人隐私泄露、信用卡欺诈等）；其次，过往研究主要探讨制度机制有效性感知对消费者初始意愿的影响，而该研究关注的是电子商务制度机制有效性感知对在电子商务情境下重购意愿的影响；最后，过往研究关注的是制度机制有效性对买方行为决策的间接影响，而该研究探察制度机制有效性感知在消费者对卖方信任的前因（满意）与后果机制（重购意愿）方面的调节作用。

该研究模型得出以下主要结论。①电子商务制度机制有效性感知对信任与在线购物行为之间的关系起负向调节作用，即电子商务制度机制有效性感知水平越高，消费者信任对在线购物行为的正向影响越弱，该结论明晰了在电子商务情境下消费者信任对在线购物行为作用机制的边界条件。②电子商务制度机制有效性感知对满意与消费者信任之间的关系起正向调节作用，即电子商务制度机制有效性感知水平越高，满意对消费者信任的正向影响越强，反之亦然。该结论表明，制度信任（电子商务制度机制有效性感知）和基于过程的信任（对卖方的满意度）可以相互作用，共同提高消费者对在线卖家的信任，这极大丰富了电子商务领域关于信任研究的文献。

模型四：在P2P协同消费情境下制度信任研究模型。

如文献综述部分所述，P2P产品服务系统是协同消费的一种形式。过往研究证实在B2B、B2C 在线交易市场、电子商务等情境下制度机制对在线信任具有积极促进作用，进而影响买方的购买决策。那么，在P2P（也称C2C）情境下制度机制对消费者信任有什么影响呢？Keetels（2012）[16]认为，很有必要探究在P2P情境下制度信任的哪些指标能提高消费者信任进而增强共享意愿。在此背景下，Keetels（2012）[16]提出了一个在P2P协同消费情境下的制度信任对供需双方参与共享意愿的模型，如图 3.5 所示。

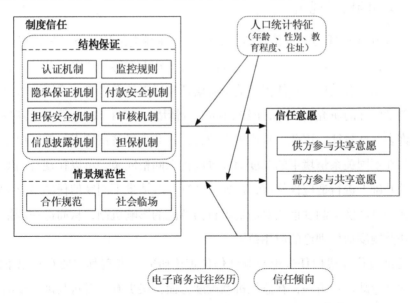

图 3.5 在 P2P 协同消费情境下制度信任研究模型[16]

该模型是以Mcknight 等（2002）[31]的在线信任模型作为参考框架，并结合了过往关于制度信任的相关研究。其中制度信任变量沿用在线信任模型中的结构保证和情景规范，但结构保证变量的子维度结合 P2P 协同消费情景进行了适应性修改，例如，认证机制、审核机制等是针对在协同消费情境下供需双方个人身份信息的确认与审核。此外，该研究模型还考察了信任倾向、在线电子商务经历以及人口特征因素对制度信任与供需双方共享意愿之间关系的调节效应。

该模型主要的研究结论包括三个。①制度机制对供需双方参与共享意愿的影响存在较为明显的差异，只有安全担保机制（保险）对供需双方共享意愿具有显著正向影响。②认证机制和信息披露机制显著正向影响需方消费者的共享意愿，而第三方监控机制与担保机制显著正向影响供方共享意愿。③在人口统计特征因素的调节作用方面，年龄因素仅在担保机制、付款安全机制与供方共享意愿之间具有调节效应，性别因素仅在担保机制与需方共享意愿之间具有调节作用。研究结论对后续在共享经济情景下制度信任的研究具有重要的理论启示与实践启示。

3.2.4 本书的研究视角

过往在线信任与制度信任研究表明，在在线交易情境下，信任对于消费者意愿和行为决策具有重要影响，并能降低消费者的感知风险。此外，制度机制或制度结构有效性感知能提高消费者信任和增强消费者参与意愿。通过梳理以往制度信任的研究还发现，P2P 协同消费情境和 B2B、B2C 等电子商务情境具有许多共性特征。因此，从逻辑上而言，在共享经济情境下的制度信任维度与这些在不同关系情境下的制度信任维度构念同根同源，可以在现有制度信任维度的基础上进行适应性修改，形成在共享经济情景下制度信任的组成维度，厘清在共享经济下制度信任对消费者行为意愿的影响机制，从而进一步拓展在线信任及制度信任理论的应用范围。

总结过往在线信任理论与制度信任理论研究，发现其主要存在以下四个方面的理论缺口：第一，在监控机制维度方面，很少有学者对其进一步细化，较少关注到政府监管机制和行业监管机制对消费者信任的影响；第二，很少有学者在一项研究中同时探察制度信任与感知风险、消费者行为决策之间的关系，尤其是，鲜有学者在模型中将感知风险变量作为多维度二阶变量进行研究；第三，鲜有学者以中国本土化共享经济平台为例探究制度机制与消费者信任、消费者行为决策之间的关系；第四，人口统计特征因素对制度机制与消费者信任之间关系的调节作用有待探察。为弥补上述理论缺口，本书拟整合在线信任理论和制度信任理论现有研究，将制度信任理论引入共享经济 C2C 场景，基于中国本土化共享平台，从平台制度机制和外部监管机制二维视角界定制度信任的维度，研究制度机制有效性感知对消费者信任、感知风险及持续共享意愿的作用机理。

3.3 社会渗透理论

3.3.1 理论观点

社会渗透理论[219-220]认为，人际关系的发展是交互双方之间的自我披露（self—disclosure）和互惠行为（reciprocity）的过程，也称交互双方的内部认知过程。交互双方之间的人际关系随着时间的推移而发展，进而实现彼此间不同程度的互惠交换。

根据社会渗透理论[219-220]，互动交换的互惠性可分为四个阶段：定向阶段、试探性感情交换阶段、感情交换阶段和稳定交往阶段。Bohnert 和 Ross（2010）[218]形象地将社会渗透理论的四个阶段比喻为剥蒜，如图3.6所示。①定向阶段：双方通过在线沟通（自我披露）彼此分享一些基本信息（例如人口统计信息），同时会隐瞒一些负面信息。在该阶段，双方会基于对方所提供的信息，对是否与对方进行交往持观望态度[219]，可见，这种自我相关信息的披露促进了双方之间的互动行为，有利于增进彼此之间的人际关系。②试探性情感交流阶段：当对方也以披露个人信息的方式对对方自我披露做出回应时，双方的关系将变得更加紧密[221]，随后，双方交流讨论的主题广度可能会拓展，但这些主题仍然展示的是公众自我[222]，例如，双方会围绕一个焦点问题进行一些深入探讨与交流。在该阶段，互动双方的人格特征开始显露，并且愿意与对方分享熟人或朋友告诉的信息。③情感交流阶段：互动双方开始分享一些来自中间层的信息，并且交互的方式越来越随意，也可能会向对方透露一些关于私人自我或更私密的信息，例如，双方可能会在这个阶段互开玩笑或发表讽刺言论，也可能会给对方取昵称。但在该阶段，双方也可能引发冲突。④稳定交流阶段：互动双方通过社会交换建立事实上的人际关系[223]，进而有可能由线上互动转移到线下面对面的互惠互动，互惠互动的方式包括言语互动、非言语互动和环境行为互动[219]，并且，互动话题的广度、深度及开放度均得到进一步拓展。随着这些互动行为相继发生在公共领域和私人领域，互动双方之间建立了良好的信任感和安全感，人际关系得到进一步发展。因此，人际关系的发展是一个动态、连续、双向互动过程，涉及一系列自我披露和互惠行为（例如信息交换、情感交流和行为活动等）[220]。

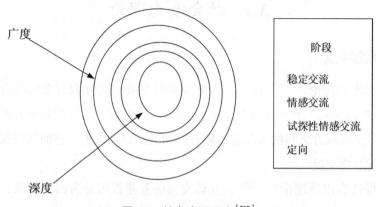

广度

深度

| 阶段 |
| 稳定交流 |
| 情感交流 |
| 试探性情感交流 |
| 定向 |

图 3.6 社会渗透理论[218]

这种社会交换过程中的自我披露和互惠行为受不同类型的关系和主体的影响[224]。Rubin 和 Shenker（1978）[225]强调了个体在自我披露中扮演角色的影响，即在服务情景下，个体自我对他人的披露程度会因个体角色的不同而存在差异。同样，在虚拟环境中，人们会因交互的对象不同而披露不同信息。因此，个体在某一特定情境下所扮演的角色对自我披露和互惠行为具有极其重要的影响。

3.3.2 理论应用

自我披露在双方关系的发展中起着重要作用[226]。Wentzel（2009）[227]也提出，人们可以通过自我披露来培养亲密关系并享受与他人的互动，基于此，有学者认为自我披露是人们相互了解和增进交流的重要组成部分[222]。此外，自我披露还有助于减少人际关系中的不确定性，进而增强彼此间的信任。自 Altman 和 Taylor（1973）[219]提出社会渗透理论以来，管理学界许多学者关注并应用该理论展开相关研究，归纳起来，主要有以下方面。

（1）企业顾客披露与员工披露之间的关系及其影响研究：由于开拓新客

户的成本远高于留住老客户的成本，管理学界非常重视如何与现有客户建立长期合作关系。社会渗透理论[219]指出，自我披露有助于维持和促进亲切关系。因此，要在服务提供方和顾客之间建立长期关系，关键在于双方披露彼此有关信息或意见。在此背景下，Hwang 等（2015）[228]基于社会渗透理论构建了一个研究模型（参见图 3.7），研究餐饮业顾客披露与服务员披露之间的关系以及两者对信任、忠诚度的影响。研究发现，餐饮服务员披露是影响顾客披露的关键因素，服务员披露和顾客披露均正向影响信任，从而有助于增强承诺和忠诚度。此外，该研究还验证了性别差异对服务员披露与顾客披露、服务员披露与信任及顾客披露与信任之间关系的调节作用。该研究首次将披露变量分为顾客披露和服务员披露两个维度，分别证实两个披露维度与信任之间的关系。

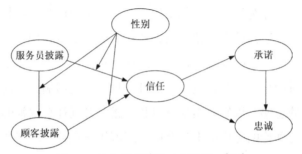

图 3.7　社会渗透理论应用模型 1[228]

（2）网络社交中自我披露的影响机制研究：社会渗透理论也可应用于网络社交领域。该理论假设个人的社交网络沟通方式能促进社会关系的发展，即社交关系始于基本信息的交换，逐步转向更深入、更翔实的信息交换。该理论认为人际交往分为交往深度（关系的亲密水平）和交往广度（信息交换的范围），而社交媒体正好为用户提供了进行深度交往和广度交往的平台。例如，微信用户可以调整其隐私设置，如设置微信朋友圈仅好友可见等功能，以便根据关系亲密程度披露不同信息。类似地，社交媒体用户对于不同的目标受众也会有明显不同的自我披露模式[229]，还有学者指出，自我披露的互惠关系是以信任为前提，因为自我披露方将承担向接收方披露自己信息而可能带来的风险[230]。根据社会渗透理论，随着社交媒体在用户日常生活中的不断渗透和普及，社会关系中的社交亲密程度映射到社交媒体平台中就表现为用户对其好友的个人信息披露程度。

基于此，国内学者刘鲁川等（2018）[231]以社会渗透理论为基础构建理论模型，用以考察在社交媒体上用户的潜水行为与用户焦虑情绪之间的联系。研究发现，社交媒体用户潜水行为受到焦虑情绪的正向影响，焦虑情绪正向影响信息隐私关注，然而潜水行为对信息隐私关注未达到显著性影响。该研究是社会渗透理论应用的一次新的尝试。Tang 和 Wang（2012）[229]基于对 1027位台湾博主的深度调查，实证解析了网络社交平台对自我披露的影响，并指出在互联网社交下人际关系和网络社交行为只停留在定向和试探性的情感交流两个阶段。

进一步，Huang（2016）[232]基于社会渗透理论建立研究模型（如图3.8所示），实证分析了在社交网络平台上个人自我披露的影响机制。在该模型中，自我披露变量作为形成性二阶结构，包括五个组成维度：数量、深度、诚实、意图和效价，感知社会支持变量设计为反应性二阶结构，包括信息支持和情感支持两个维度，在线社会福祉和持续使用意愿作为结果变量。研究结论表明，自我披露对社会支持和在线社会福祉都具有正向影响，进而增强用户持续使用社交网站的意愿。该研究结论将自我披露上升到社会福祉的高度，进一步拓宽了社会渗透理论的应用范围，有助于理解用户在社交网络平台上自我披露的有益影响。

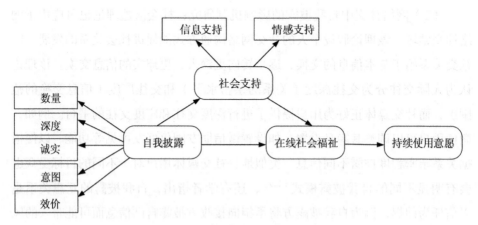

图 3.8 社会渗透理论应用模型 2[232]

（3）在共享经济下社会渗透理论的应用。

与传统商业模式相比，共享经济的一个显著特征是能促进消费者与服务提供方之间的互动包括在线互动和线下面对面互动，并能促进消费者与当地居民之间的互动，进而形成一种地方归属感[157, 233]。由于消费者对服务提供方和共享平台存在感知不确定性[234]，服务提供方的个人资料、在线声誉、在线评论与评级以及平台呈现信息的方式在促进消费者与服务提供方之间互动（以下简称供需方之间的互动）方面发挥重要作用。此外，虽然面对面互动通常较为短暂，但在情感方面对彼此的影响可持续很长时间，进而在现实生活中建立较为亲密的人际关系[39]。共享经济的不确定性和互动短暂性的特征，迫切要求在供需方之间的互动中建立信任[39, 234]。

在 P2P 共享民宿商业模式中，自我披露和互惠行为贯穿整个在线P2P互动和离线 P2P 互动中，并对供需双方之间的关系发展起着关键作用。通过披露个人信息、在线交流和面对面交流，供需双方逐渐熟悉彼此。与此同时，由于两个陌生人之间互动的新颖性只能持续很短的时间，因此，双方之间的关系要继续发展，就必须加强人际交往的互惠性[235]。因此，在共享经济 P2P 环境下人际关系的发展是一个连续的双向过程。该过程不同于传统的 B2C 环境，在B2C环境下服务提供方和消费者之间的商业关系以工具性（例如，服务提供方满足客户需求的能力）为特征且仅限于资源交换（例如，向酒店支付费用预订房间）[236]。这种员工与顾客之间的人际关系通常是单向关系，因为员工几乎不需要与顾客共享他们的个人信息。根据社会渗透理论，P2P 自我披露和互惠体现在租客和房东之间的在线互动和面对面互动过程之中，因此，这种双向P2P互动可能影响对双方使用 P2P 平台的体验。

在此背景下，Moon 等（2019）[13]以某民宿平台为例，以社会渗透理论为理论基础建立研究模型，分别从供需方视角探究租客与房东之间的社交动态以及供需方之间 P2P 在线互动和面对面互动对双方 P2P 体验的影响。其理论研究框架如图 3.9 所示。

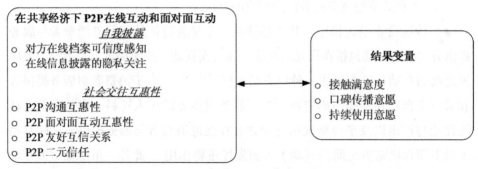

图 3.9　社会渗透理论应用模型 3 [13]

在该理论框架中，Moon 等（2019）[13]以某住宿平台为例将在共享经济下 P2P 互动分为两个阶段：在线互动和面对面互动。首先，在线互动阶段。租客和房东通过平台在线提交个人资料，双方开始在线沟通交流。通过住宿平台，对方可访问另一方的在线信息，例如个人介绍、个人照片、房间照片以及相关评价。通过这些信息，一方可感知另一方的可信度[237]，即对方在线档案可信度感知。一方的在线信息可信度是建立自己形象和影响对方共享意愿的重要因素[238]，并可降低不确定性[239]。因此，通过 P2P 自我披露（例如，检查对方在线档案）获得对方在线档案的可信度，是 P2P 互动得以启动的关键因素之一。与此同时，在 P2P 互动的早期阶段，自我披露又会引发隐私关注。一方关注对方的私人信息，但同时又要保护对方信息的安全，以免泄露对方的个人隐私。在 P2P 环境下互相披露机制能提高彼此的可信度，同时能降低双方的个人隐私关注水平[13]。因此，双方自我披露的过程是开启社会交往互惠性（例如面对面沟通和互动）的前提。

其次，面对面互动阶段。一旦供需双方基于在线档案建立了彼此间的信任，供需双方在继续保持在线互动的同时，也开始进行面对面互惠性互动，即线上与线下互动同时进行。供需双方之间的互惠性互动可通过在线网站、移动 App 平台和线下面对面的方式实现。通过线上互动与线下互动，供需双方感知对方的可信度，建立友好互信和二元信任，进而增强双方之间的亲密度[228, 240]。

该理论框架的另一个重要贡献在于提出了在线互动及面对面互动的结果变量。Moon 等（2019）[13]认为，当供需双方对 P2P 互动感到满意时，他们对使用 P2P 住宿平台的总体体验更满意，这也是双方选择 P2P 共享平台的原因所在。双向披露和互惠性还影响他们对 P2P 住宿的总体满意度和持续使用意愿[241-242]。由于 P2P 商业模式采用在线平台，供需双方很容易切换在线共享平台并在网络空间中传播口碑（WOM），因此，很有必要研究在 P2P 环境下行为意愿变量。学界认为，口碑传播意愿意图和持续使用意愿是行为意愿的主要因素[243-244]。该理论框架选择接触满意度和行为意愿（例如，WOM 传播意愿和持续使用意愿）作为体验 P2P 在线互动和面对面交互的结果变量。

该研究对在共享经济下 P2P 相关研究做出了以下重要理论贡献。首先，本书基于社会渗透理论的自我披露和互惠行为概念，提出了 P2P 业务模型中服务提供方与需方消费者之间社交互动的互惠性变量，进一步拓展了社会渗透理论的应用范围。其次，该研究发现供方和需方在 P2P 社交互动和服务体验感知之间存在显著差异，总体而言，与供方相比，需方对 P2P 服务的满意度更高，且传播口碑意愿和持续使用意愿更强。该研究揭示了供需方在 P2P 交易中的角色差异对社会互动的影响，弥补了过往研究中的空白。

3.3.3 本书的研究视角

过往社会渗透理论相关研究表明，自我披露对信任、社会支持及消费者行为（忠诚度、满意度和使用意愿等）具有正向影响[13, 228, 232]。并且，过往研究应用社会渗透理论对网络社交以及在P2P环境下自我披露和社会互动的影响机理做了翔实的论证，为本书提供了较好的理论参考与模型参考。通过梳理以往社会渗透理论的应用研究还发现，在共享经济 P2P 情境下的社会互动包括在线互动和面对面互动，在线互动和面对面互动对消费者使用体验具有重要影响[13]。然而，供需双方之间的社会互动以及消费者之间的互动是否会影响消费者对平台的信任和行为意愿，目前鲜有学者关注。因此，可以在现有相关研究的基础上，进一步厘清在共享经济下供需双方之间的互动对消费者信任及消费者行为意愿的影响机制，从而进一步拓展社会渗透理论的应用范围。

总结过往社会渗透理论应用相关研究发现，其主要存在如下四个方面的理论缺口：第一，在网络社交及企业员工与顾客关系领域，多数研究只停留在定向阶段和试探性情感交互阶段（在线互动），很少有学者关注情感交流和稳定交往阶段（面对面互动）的社交行为研究；第二，有学者关注到了在共享经济下 P2P 在线互动和面对面互动的概念及影响结果变量（包括满意度、使用意愿等），但现有研究只关注供需双方之间的互动，鲜有研究关注到需方消费者之间的互动所带来的影响；第三，过往研究关注到了在共享经济 P2P 情境下供需方角色差异对社会互动的影响，然而对在供方或需方单一视角下性别差异对社会互动的影响缺少理论与实证上的解析；第四，在研究方法方面，在过往 P2P 情境下，社会互动的影响机制研究采用自我报告的调查方法收集数据，结果可能会出现社会期望偏差，进而影响现有研究结论的普适性。为弥补上述理论缺口，本书拟整合社会渗透理论已有相关研究，将社会渗透理论中社会互动理念引入共享经济C2C场景，基于中国本土化共享平台，从在线互动和面对面互动二维视角界定社会互动的维度，研究需方消费者的社会互动有效性感知（与供方之间的社会互动和与其他消费者之间的社会互动）对消费者信任、感知风险及持续共享意愿的作用机理。

3.4 本章小结

（1）在线信任模型框架为解释在在线情景下消费者信任的前因和后果提供了理论框架。Mcknight 等（2002）[31]基于理性行为理论（TRA）提出了在线信任模型包含四个维度，分别是信任倾向、制度信任、信任信念和信任意愿。该理论框架是目前学界用来解释传统电子商务在 B2C 和 C2C 情境下消费者信任形成及其影响的主要框架。

（2）制度信任理论及维度划分为解释在共享经济下消费者对平台层面的制度信任形成提供了理论框架。制度信任是指通过法律制度和专业运行机制等正式的社会保障机制来建立交易双方之间的信任，它是人际信任的基础。关于制度信任的研究范畴可归纳为宏观、中观和微观三个层面。随着时间和研究情境的变化，制度信任的维度也在不断变化，但总体趋势是越来越注重市场驱动型机制和外部监管机制的作用研究。

（3）社会渗透理论旨在研究在共享经济下供需双方之间以及消费者之间

通过在线互动和面对面互动建立起的人际关系。消费者对服务提供方信任的形成可源于其与服务提供方的亲密人际关系。在共享平台上，消费者与服务提供方之间的互动越频繁，互惠性和友好互信关系感知水平就越高，彼此之间的人际关系越亲密，对平台的满意度和口碑传播意愿就越高，就越倾向再次使用共享平台。

（4）现有在线信任理论、制度信任理论和社会渗透理论研究提供了丰富的理论基础，但同时存在一定的理论缺口。例如，现有制度信任理论研究较少考虑人口统计特征因素在制度信任形成机制方面的影响，社会渗透理论研究中缺乏对消费者之间互动的考量。

第4章 模型构建与假设发展

4.1 模型构建的思路

4.1.1 制度信任的维度构成

Pavlou（2002）[54]研究在B2B背景下制度信任对组织间信任的影响，将制度信任划分为五个维度，分别为感知监控、感知认证、感知法律契约、感知反馈和合作规范。Pavlou 和 Gefen（2004）[30]基于社会学和经济学理论研究了在在线交易市场下制度信任对交易意愿的影响，将制度信任划分为四个维度，分别为反馈有效性感知、托管服务有效性感知、信用卡担保有效性感知和对中介机构的信任。随后，Fang 等（2014）[211]研究了在电子商务情境下制度信任的调节作用，用电子商务制度机制有效性感知单一维度作为调节变量。Keetels（2012）[16]研究了在 P2P 协同消费情境下制度信任对供需方参与意愿的影响，将制度信任划分为结构保证和情境规范性两个维度，其中结构保证又划分八个子维度，分别是认证机制、隐私保证机制、担保安全机制、信息披露机制、监控机制、付款安全机制、审核机制和担保机制。贺明华和梁晓蓓（2018b）[9]研究了在共享经济下制度信任的影响机理，通过参考过往研究，将制度信任划分为四个维度，分别是感知反馈、感知审核与认证、感知隐私保证和感知争议解决，同时，贺明华等（2018）研究了监管机制对消费者持续共享意愿的影响，将监管机制划分为三个维度，分别为政府监管、行业自律监管以及政府+行业自律的交互组合监管。

结合以上过往关于制度信任的研究以及我国主流共享平台的实际运作情况，参考 Pavlou 和 Gefen（2004）[30]关于变量"制度机制有效性感知"的命名方式，本书拟将制度信任划分为六个维度，分别为反馈机制有效性感知、审核与认证机制有效性感知、隐私保证机制有效性感知、争议解决机制有效性感知、政府监管有效性感知和行业自律监管有效性感知。

4.1.2 社会互动的维度构成

在共享经济领域，Wang和Jeong（2018）[57]学者指出，从需方消费者开始搜寻供方信息到共享交易完成这一整个过程，需方与供方之间的互动不容忽视。一旦供需双方之间建立了良好的关系，需方消费者的行为就会发生变化。Wang和Jeong（2018）[57]研究证实了供需双方之间良好关系的感知对消费者满意度有显著正向影响。因此，供需双方之间的互动极其重要。Moon等（2019）[13]以某民宿平台为例将社会互动划分为供需双方之间的在线互动和面对面互动，其中在线互动包括在线档案可信度感知和隐私关注两个子维度，面对面互动包括沟通互惠性、P2P面对面互动互惠性、P2P友好互信关系和P2P二元信任四个信度。该研究还检验了在线互动和面对面互动对满意度和行为意愿的影响。然而，过往相关研究认为，在共享经济下，除供需双方之间的互动及人际关系外，还应关注需方消费者之间的互动及人际关系[59]。随着信息与通信（Information and Communication Technology, ICT）技术的快速发展，消费者之间的联系变得更为紧密。消费者可通过在线虚拟社区搜寻信息和建议，并发布有关共享服务体验的评论，便于其他消费者参阅。一些消费者还与虚拟社区中的其他消费者进行互动，以收集有关特定共享平台提供的环境和服务信息。除在线互动外，消费者之间的面对面互动丰富了消费者的共享体验[59]。

根据以上研究，本书拟基于需方消费者感知视角将社会互动分为与服务提供方之间的互动和与其他消费者之间的互动，变量分别命名为与供方之间互动有效性感知和与其他消费者之间互动有效性感知，并将两个变量设计为包括子维度的二阶变量。具体而言，参考Moon等（2019）[13]的维度划分，与供方之间互动有效性感知包括自我披露可信度感知和面对面互动互惠性感知两个一阶变量，与其他消费者之间互动有效性感知包括在线评论有效性感知和友好互信关系感知。

4.1.3 感知风险的维度构成

Featherman 等（2003）[195]将在在线服务情境下的感知风险划分为七个维度，分别为隐私风险、财务风险、性能风险、时间风险、社会风险、心理风险和整体风险。Jacoby 和 Kaplan（1972）[196]将感知风险分为六个维度：安全/隐私风险、财务风险、时间损失风险、性能风险、人身风险和社会风险。Luo（2010）[197]对这种两种维度分类进行整合，将在移动银行业务情境下的感知风险分为八个维度，分别为隐私风险、财务风险、时间风险、人身安全风险、性能风险、社会风险、心理风险和整体风险。在共享经济下感知风险维度相关研究主要基于供方（服务提供方）视角，例如，Malazizi 等（2018）[198]以民宿平台为例，从服务提供方的角度归纳出感知风险的五个维度，分别是安全风险、财务风险、服务风险、政治风险和心理风险。

为了丰富现有学术文献，本书拟基于需方消费视角将在共享经济下感知风险分为四个维度，即人身安全风险、隐私风险、时间风险和财务风险，并拟研究感知风险与消费者信任之间的关系及其对消费者持续共享意愿的影响。

4.2 理论模型

4.2.1 理论模型的构建

通过对共享经济相关文献以及在线信任、制度信任和社会渗透理论的研究回顾与总结，本书拟基于需方消费者视角构建消费者信任的前因后果模型，其中以制度信任和社会互动为消费者信任的前因变量，以感知风险和持续共享意愿为消费者信任的后果变量。具体而言，先拟分别验证前述制度信任六个维度和社会互动两个维度对消费者信任的直接影响，接着分析消费者信任与感知风险、持续共享意愿之间的关系，再进一步分析制度信任六个维度和社会互动两个维度通过消费者信任对持续共享意愿的间接影响，最后分析性别差异对制度信任二阶构念和社会互动两个二阶构念与消费者信任之间关系的调节作用。本书模型包括自变量、中介变量、因变量和调节变量，其中制度信任六个维度

和社会互动两个维度为自变量，消费者信任和感知风险为中介变量，持续共享
意愿为因变量，性别为调节变量。本书的理论模型框架参见图 4.1。

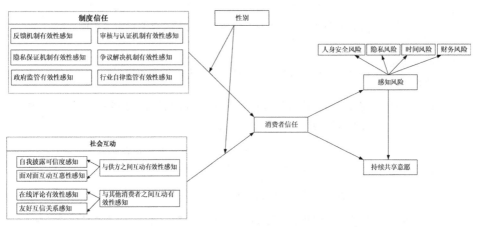

图4.1　理论模型框架图

4.2.2 变量的描述

　　根据国内外学者相关文献，结合本书特定研究情境和特点，对本书理论
模型中涉及的各个变量定义进行了总结，如表 4.1 所示。

表 4.1　研究模型中各变量的定义

变量	定义
反馈机制有效性感知	消费者认为在线共享平台的反馈机制能够提供关于服务提供方准确和可靠信息的程度
审核与认证机制有效性感知	消费者认为共享平台能够提供有关服务提供方履行能力的可靠信息的程度，重点关注服务提供方背景资料检查的可靠性
隐私保证机制有效性感知	消费者认为共享平台能够保护他/她的隐私信息免受不正当或非法使用风险的程度
争议解决机制有效性感知	消费者认为共享平台的在线纠纷解决服务能够根据他们期望的方式来处理与服务提供方之间的纠纷或投诉的程度
政府监管有效性感知	消费者对于政府和法律层面在监管共享经济和保护消费者权益方面制定的政策有效性的感知程度
行业自律监管有效性感知	消费者认为自我管理的贸易团体、协会等机构在协助政府监管共享经济和保护消费者权益方面制定的业内行为准则有效性的感知程度

续表

变量	定义
自我披露可信度感知	需方消费者认为供方自我披露的在线档案信息的可信程度
面对面互动互惠性感知	需方消费者认为与供方之间面对面互动的有效性程度
在线评论有效性感知	需方消费者认为共享平台在线社区其他消费者能够真实、有效反映供方所分享的产品或服务质量的程度
友好互信关系感知	需方消费者认为与共享平台在线社区其他消费者通过线下面对面互动而建立起友好互信关系的程度
消费者信任	消费者对共享平台的信任水平
人身安全风险	消费者使用共享产品或服务过程中可能遭受的人身攻击或安全威胁
隐私风险	消费者在使用共享平台享受共享服务过程中或之后，在不知情或未经许可情况下个人信息被泄露或恶意传播而造成的潜在损失
财务风险	由于共享交易价格变化或平台在线交易环境变化而给消费者带来的财务损失担忧或由于欺诈造成的实际财务损失
时间风险	消费者在搜寻共享服务或产品时可能浪费的时间或者下单后由于共享服务或产品发送不及时而可能浪费的时间，尤其是当共享产品或服务不符合预期时更换共享产品或服务浪费的时间
持续共享意愿	也称重购意愿，是指消费者未来再次使用共享平台享受共享产品或服务的意愿

（1）制度信任的六个维度。参考 Pavlou 和 Gefen（2004）[30]的研究，制度机制各个维度采用"制度机制有效性感知"名称，表示需方消费者认为在共享经济下供需双方之间共享交易顺利达到应具备的各项制度机制的有效性程度。反馈机制也称信用机制，可用于累积和传播关于服务提供方过往交易行为和业绩的信息，例如消费者关于共享服务提供方的评论、意见、评级和建议等。反馈机制有效性感知是指消费者认为在线共享平台的反馈机制能够提供关于服务提供方准确和可靠信息的程度。审核与认证机制是指共享平台对想加入平台的服务提供方（例如，注册成为平台司机的私家车主）进行审核与认证的制度。审核与认证的内容包括服务提供方的犯罪记录、银行账户、信用等级、

资质或能力等。审核与认证机制有效性感知可定义为消费者认为共享平台能够提供有关服务提供方履行能力的可靠信息的程度。隐私保证机制有效性感知是指消费者认为共享平台能够保护他/她的隐私信息免受不正当或非法使用风险的程度。争议解决机制有效性感知是指消费者认为共享平台的在线纠纷解决服务能够根据他们期望的方式来处理与服务提供方之间的纠纷或投诉的程度。政府监管有效性感知是指消费者对于政府和法律层面在监管共享经济和保护消费者权益方面制定的政策有效性的感知程度。行业自律监管有效性感知是指消费者认为自我管理的贸易团体、协会等机构在协助政府监管共享经济和保护消费者权益方面制定的业内行为准则有效性的感知程度。

（2）社会互动的两个维度。与供方之间互动有效性感知是指需方消费者认为供方在线自我披露的可信程度以及线下面对面互动的互惠性感知程度，该变量由两个一阶变量组成，即自我披露可信度感知和面对面互动互惠性感知。类似地，与其他消费者之间互动有效性感知是指需方消费者认为在线共享社区里其他消费者提供信息（包括在线评论等）的可信程度以及线下通过面对面互动建立起亲密友好关系的程度，该变量由两个一阶变量组成，即在线评论有效性感知和友好互信关系感知。

（3）消费者信任。本书中的消费者信任主要指需方消费者对共享平台的信任水平。

（4）感知风险的四个维度。人身安全风险是指消费者使用共享产品或服务过程中可能遭受的人身攻击或安全威胁。隐私风险是指消费者在使用共享平台享受共享服务过程中或之后，在不知情或未经许可情况下个人信息被泄露或恶意传播而造成的潜在损失。财务风险是指由于共享交易价格变化或平台在线交易环境变化而给消费者带来的财务损失担忧或由于欺诈造成的实际财务损失。时间风险是指消费者在搜寻共享服务或产品时可能浪费的时间或者下单后由于共享服务或产品发送不及时而可能浪费的时间，尤其是当共享产品或服务不符合预期时更换共享产品或服务浪费的时间。

（5）持续共享意愿，也称重购意愿，是指消费者未来再次使用共享平台享受共享产品或服务的意愿。

4.3 研究假设发展

4.3.1 制度机制有效性感知对消费者信任的影响

反馈机制也称声誉机制，可用于累积和传播关于服务提供方过往交易行为和业绩的信息，例如消费者关于共享服务提供方的评论、意见、评级和建议等。反馈机制有效性感知是指消费者认为在线共享平台的反馈机制能够提供关于服务提供方准确和可靠信息的程度。反馈机制广泛用于电商平台，例如大型电商平台均采用信用评级反馈机制。基于反馈机制，消费者可根据消费者社区他人共享的信息和经验来获取有关卖家的信号或口碑，从而做出购买决策。电子商务领域中已有研究表明，反馈机制对消费者信任与行为意愿均具有重要影响。例如，Ba 和 Pavlou（2002）[245]指出，反馈机制作为结构保证，可减少交易对方的机会主义行为并提高消费者对在线交易市场的信任；Ha（2004）[246]通过研究证实，反馈机制对消费者的意识、态度、行为意愿和行为具有显著影响，Lu 等（2016）[51]研究发现，在在线交易市场环境下，买家对在线市场反馈机制的感知对消费者信任具有显著正向影响。相应地，在共享经济环境下，当消费者感知到共享平台提供了有效的反馈机制来促进共享交易的顺利进行，消费者就越相信共享平台有能力提供安全、放心的交易环境，对共享平台的信任水平就会越高。共享经济领域过往研究也证实了反馈机制有效性感知对消费者信任有显著正向影响[9]。据此，提出以下假设。

H1：反馈机制有效性感知正向影响消费者信任。

审核与认证机制是指共享平台对想加入平台的服务提供方（例如，注册成为平台司机的私家车主）进行审核与认证的制度。审核与认证的内容包括服务提供方的犯罪记录、银行账户、信用等级、资质或能力等。审核与认证机制有效性感知可定义为消费者认为共享平台能够提供有关服务提供方履行能力的可靠信息的程度。有学者指出，审核与认证可视为良好声誉的代名词[54]。因此，通过审核与认证机制，有着不良记录的服务提供方将被禁止加入共享平台，这一方面减少了消费者因对服务提供方毫不知情而产生的不确定性和焦虑感，另一方面有助于增强消费者对于共享平台的信赖感，消费者对共享平台提供可靠交易环境的能力、善意和正直感到更加自信。共享经济领域过往研究也证实了审核与认证机制有效性感知对消费者信任有显著正向影响[9]。据此，提出以下假设。

H2：审核与认证机制有效性感知正向影响消费者信任。

在共享经济模式下，消费者要想加入共享平台，必须披露一定的个人隐私信息。有学者指出，披露个人信息是共享服务过程中不可分割的一部分[122]。本书将隐私保证机制有效性感知定义为消费者认为共享平台能够保护他/她的隐私信息免受不正当或非法使用风险的程度。随着消费者对个人隐私与安全问题的重视程度越来越高，消费者加入共享平台的意愿以及对共享平台的信任程度取决于他们对共享平台隐私保证机制有效性的感知。电子商务领域早期有学者通过实证研究发现，在线平台企业制定的隐私政策足以赢得用户的信任，并让用户相信在线平台企业有能力合法使用和保护用户的隐私数据[247-248]。据此推断，共享平台企业的隐私保证机制越有效，消费者对共享平台的信任水平越高。共享经济领域过往研究也证实了隐私保证机制有效性感知对消费者信任有显著正向影响[9]。据此，提出以下假设。

H3：隐私保证机制有效性感知正向影响消费者信任。

近年来我国共享经济方兴未艾，发展势头迅猛，一些住宿共享平台如雨后春笋般发展起来。但同时，由于政府对共享商业模式监管机制仍不完善，消费者与服务提供方和平台之间会因消费者权益而发生诸多争议。共享平台的争议解决机制正是为了解决在共享交易过程中发生的各种纠纷和争议。本书将感知争议解决机制定义为消费者认为共享平台的在线纠纷解决服务能够根据他们期望的方式来处理与服务提供方之间的纠纷或投诉的程度。共享平台必须基于争议解决机制处理消费者与服务提供方之间的争议，以使共享交易双方对共享平台的能力充满信心。否则，消费者会感到他们在平台上受到较少权益保护或受到不公平待遇，进而在心理层面抵触共享平台并对共享平台不再信任，这也对消费者未来持续共享意愿产生负面影响。共享经济领域过往研究也证实了争议解决机制有效性感知对消费者信任有显著正向影响[9]。据此，提出以下假设。

H4：争议解决机制有效性感知正向影响消费者信任。

有学者指出，在具备风险、不确定性和相互依存等三个特征的情境下，信任很重要[249]。而这些特征在共享经济情境下体现得尤为突出，例如，乘坐共享平台快车或通过平台租住民宿时，消费者可能遭受一定程度的人身安全风险、隐私泄露风险等。这些安全担忧一方面影响消费者对于共享经济的信任，另一方面使政府规制部门开始重视在共享经济下的消费者保护问题，因为共享经济属于新兴业态，并不完全纳入传统法律范畴[250]，所以共享经济存在法律灰色地带和规制不确定性[251]。因此，如果政府规制部门采取规制措施保护在共享经济下的消费者安全与权益并被消费者感知或当政府规制部门已经彰显出规制共享经济的决心并向社会大众传递出相应积极信号时，消费者就会降低不安全感，并对共享平台和服务提供方的能力、善意和正直感到更加自信。本书的这种推断与营销领域已有研究的结论基本一致，例如，Miltgen 和 Smith（2015）[252]的研究证实消费者个体感知到政府对于隐私保护的规制水平越高，他们对隐私相关组织实体的信任水平就越高。共享经济领域过往研究也证实了政府规制有效性感知对消费者信任有显著正向影响[202]。据此，提出以下假设。

H5：政府监管有效性感知正向影响消费者信任。

一般而言，"监管"是指使用法律手段实现社会和经济政策目标。当市场行为导致低效率或不公平的结果（通常称之为"市场失灵"）时，监管可作为维护市场秩序的纠正措施。监管机制可分为政府监管和行业自律监管。政府监管主要依靠政府的司法机构和立法部门来保护个人权益和隐私信息，而行业自律监管主要采用业内行为准则、自我管理的贸易团体和协会作为消费者权益和隐私监管的手段。学术界很多观点指出，对于共享经济这一新兴商业模式，单一的政府监管往往不能取得有效结果。有学者指出，政府监管加行业自律监管的混合监管模式是确保我国共享经济健康有序发展最基本的保障[175]。在共享经济下，消费者安全、隐私等相关权益问题的解决除了需要主管共享经济特定行业的政府部门，还涉及其他多个机构和部门。以某共享出行平台为例，对该平台运营的监管需要当地政府主管部门、立法机构、交通运输管理部门、交通执法部门、公安部门和共享公司（或行业协会）等多个机构之间的通力协作。有学者研究证实，完善行业自律监管机制能有效减少企业机会主义行为和增强消费者个人隐私信息的感知控制与保护水平[253-254]，进而降低感知隐私风险。据此推断，若共享经济行业协会等非政府机构能制定并严格有效执行行业自律监管准则和平台企业章程等，并能协助交易各方构建起系统性信任机制，例如个人信息保护机制、消费身份认证机制、第三方信用评价机制、失信行为惩戒和小额争议在线解决等，消费者会对共享经济和平台企业给予足够的信任，对共享经济的发展定会充满信心。据此，提出以下假设。

H6：行业自律监管有效性感知正向影响消费者信任。

4.3.2 社会互动有效性感知对消费者信任的影响

共享经济领域过往研究基于社会渗透理论，将 P2P 共享商业模式中供方与需方之间的社会互动分为在线互动（自我披露）和面对面互动（社会交往互惠性）两个阶段，并指出供方与需方之间的自我披露和互惠行为贯穿整个在线互动和线下互动中，对供需双方之间关系发展起着关键作用[13]。基于此，本书将与供方之间互动有效性感知设计为二阶变量，其包括两个一阶变量：自我披露可信度感知和面对面互动互惠性感知，其中，自我披露可信度感知定义为需方认为供方自我披露的在线档案信息的可信程度，面对面互动互惠性感知定义为需方消费者认为与供方之间面对面互动的有效性程度。管理学界有学者研究了供需双方之间互动的影响后果，例如，双向披露和互惠性对满意度和持续使用意愿具有显著正向影响[241-242]。Hwang 等（2015）[228]基于社会渗透理论研究餐饮业顾客披露与服务员披露之间的关系以及两者对信任、忠诚度的影响，研究证实餐饮服务员披露是影响顾客披露的关键因素，服务员披露和顾客披露均正向影响信任，从而有助于增强承诺和忠诚度。Schuckert 等（2018）[255]以某平台为例研究发现，大多数用户与房东之间建立社交关系和结识新朋友是影响他们使用平台的主要因素之一。Moon等（2019）[13]以某民宿平台为例研究发现，在共享经济下供需之间的在线互动和线下面对面互动对满意度和持续使用意愿具有积极促进作用。据此推断，如果供方向共享平台提供的在线档案资料真实可信，且在与供方线下面对面互动时感到愉快顺心，买方就会认为该平台对供方背景的审核严格有效，完全有能力限制供方的机会主义行为和降低潜在风险，进而形成对该平台的信任。据此，提出以下假设。

H7：与供方之间互动有效性感知正向影响消费者信任。

C2C 共享经济商业模式具有在线社交商务的特点[94]。在线社交商务是一种以社交媒体作为中介的商业形式，并使用社交媒体支持社会互动和用户贡献，以协助用户线上和线下进行购买和销售产品和服务的活动，其高度依赖点对点互动（peer-to-peer interaction）[256]，即消费者之间的互动。本书将与其他消费者之间互动有效性感知定义为需方消费者认为在线共享社区里其他消费者所提供信息（包括在线评论等）的可信程度以及线下通过面对面互动建立起亲密友好关系的程度，该变量由两个一阶变量组成：在线评论有效性感知和友好互信关系感知。在线评论有效性感知类似于在社交商务情景下的其他用户社会临场感知，主要关注其他用户在共享平台社区中的活跃程度，包括平台信息浏览、添加书签和在线评论等。与传统在线市场一样，在共享经济情境下，在共享消费之前，消费者对服务提供方共享的产品或服务看不见也摸不着，难以对其质量进行评估，因此，消费者只能使用评论中表达的信息来确定产品或服务的好坏。有学者指出，在共享经济下在线评论最重要的作用是降低消费者的风险和不确定性，并能让消费者评估共享产品或服务的质量[257]。在社交商务和电子商务情境下，过往研究已经关注到在线评论感知与消费者信任之间的关系，例如，Tancer（2016）[258]指出，在线评论数量的增加可增进买卖双方之间的相互信任，还有学者研究证实消费者评论显著影响消费者对在线商店的感知信任水平[259]，总体而言，正面评论越多，信任水平越高[260]。与传统电子商务和社交商务商业模式不同的是，消费者之间除在线互动外，在线下享受供方的服务时，还有机会与其他消费者之间进行面对面互动，并有可能建立友好互信关系。本书将友好互信关系感知定义为与在线共享社区其他消费者通过线下面对面互动建立起友好互信关系的程度。营销领域过往研究表明，消费者的信念、态度和行为往往会受到与其他消费者之间的社会互动的影响[261]。社交商务领域也有学者证实了社会互动感知正向影响消费者对社交商务平台的信任[51]。在共享经济下已有研究表明供需双方之间的友好互信关系感知对于提高消费者满意度有正向影响[13]。因此，当在某一共享平台上越来越多用户之间建立线下友好互信关系，就向用户传递出关于该共享平台的积极信号，用户会对该共享平台提供可靠服务的能力、正直和善意感到更有信心，进而使用共享平台的消费者人数越多。综上，提出以下假设。

H8：与其他消费者之间互动有效性感知正向影响消费者信任。

4.3.3 消费者信任、感知风险对持续共享意愿的影响

感知风险是与使用某一特定共享产品或服务的负面后果相关的不确定性，这种不确定性包括因披露个人信息而导致的潜在损失。感知风险被认为是在线购物情境下影响消费者行为决策的最重要因素[262]。如果消费者感知到产品或服务存在较高风险，他们对该产品或服务的信任度就会下降。因此，有学者认为，信任是降低消费者感知交易风险的关键因素[29]。营销学术界有学者对感知风险与消费者信任之间的关系进行研究。例如，Luo（2010）[197]证实了消费者对移动银行业务信任显著负向影响感知风险，Rouibah 等（2016）[263]研究发现消费者信任能显著降低感知风险，而 Chang 等（2017）[264]研究表明顾客对企业网站风险的感知负向影响他们对网站的信任。同样，共享经济领域也有学者证实了感知隐私风险对消费者信任有显著负向影响[10]。因此，相比感知风险高的消费者而言，感知风险低的消费者对共享平台的信任更高。据此，提出以下假设。

H9：消费者信任负向影响感知风险。

关于消费者信任与行为意愿或态度之间的关系，得到了营销领域过往诸多学者的证实，例如，Kim 等研究表明，消费者信任对消费者购买意愿具有显著正向影响[247]；Chong 研究证实，信任对消费者持续使用移动商务意愿的影响最大[265]。同样，在共享经济背景下，现有研究认为，信任是影响共享意愿的主要前置因素[25, 37]。共享经济领域国内外学者对两者之间的关系进行了实证研究，例如，国外学者 Hawlitschek 等（2016）[201]研究发现，消费者信任正向驱动消费者参与 P2P 短租服务，Ert 等（2016）[12]研究证实消费者对服务提供方照片的信任正向影响消费者的选择意愿[12]，Möhlmann（2015）[11]研究证实了信任显著正向影响持续共享意愿。消费者信任与持续共享意愿之间的显著正向关系也在国内文献中得到证实[9, 10, 125]。据此，提出以下假设。

H10：消费者信任正向影响持续共享意愿。

过往研究表明感知风险是各种在线商务领域中影响消费者决策行为的重要因素[266]。感知风险与信任之间的关系研究，一般都伴随着感知风险与行为意愿之间的关系研究。过往有许多研究证实了在在线交易情境下感知风险与消费者行为意愿之间的负向关系，例如，Luo（2010）[197]、Rouibah 等（2016）[263]、Chang 等（2017）[264]。在共享经济环境下，感知风险与消费者参与意愿的负相关关系业已得到检验。例如：贺明华等（2018b）[9]证实感知隐私风险显著负向影响持续共享意愿，Malazizi 等（2018）[198]证实多维度感知风险对消费者持续共享意愿具有显著负向影响。据此，提出以下假设。

H11：感知风险负向影响持续共享意愿。

4.3.4 性别的调节作用

性别是被最广泛认可和调查的个体差异变量之一。由于男性和女性有不同的需求结构和需求期望值，他们在行为决策方面存在差异。因此，性别被广泛用于检验个体行为决策方面的差异。过往大量研究表明，性别在决定新技术或新服务接纳行为方面发挥着重要作用，例如，Chen 等（2010）[46]认为，在在线服务情景下，男性和女性在使用模式、使用方式和特定应用的偏好方面存在差异，这可能是男性和女性在参与在线交易态度、行为意愿方面存在差异的致因。

根据社会角色理论，女性消费者是友好、慷慨和多愁善感的[267]，她们更期望能得到关系和表达需求的满足[268]。相比之下，男性是独立的、自信的和有目的性的[269]，他们更容易受到理性和工具性需求的激励[268]。学界认为，男性比女性更关注制度环境[270]，而女性更注重人际关系和社会互动与支持[269]。过往有学者关注到男性消费者和女性消费者在建立信任过程中所表现出的差异性，例如，Sun 等（2018）[61]实证发现在社交媒体情境下监管有效性对基于能力的信任和基于人格的信任的影响强度方面，对男性消费者的影响明显高于对女性消费者的影响，据此推断，在本书情境下，消费者在建立对共享平台信任的过程中，制度机制有效性对消费者信任的影响关系方面同样会表现出较强的性别差异性，即男性消费者相比女性消费者而言更关注制度机制的有效性。据此，提出以下假设。

H12a：在制度机制有效性感知→消费者信任的影响路径方面，男性消费者比女性消费者表现出更强的作用关系。

此外，有研究表明，女性消费者相比男性消费者，感知风险对信任水平的负向影响更大[271]。Awad 和 Ragowsky（2008）[6]研究证实，在信任对口碑传播和参与意愿的影响路径方面，女性消费者的影响强度显著高于男性消费者的。共享经济服务过程中，消费者会与服务提供方之间进行面对面互动，女性消费者惯常的防御心理使得她们尽量避免或减少与服务提供方之间的互动，进而可以推断在与供方之间互动对消费者信任的关系方面，女性消费者的影响强度要低于男性消费者的，因为男性消费者惯常的享乐主义和冒险心理可能会因为与供方之间的频繁互动而提升信任水平。据此，提出以下假设。

H12b：在与供方之间互动有效性感知→消费者信任的影响路径方面，男性消费者比女性消费者表现出更强的作用关系。

Sun 等（2018）[61]还指出，在基于人格的信任对成员信任的影响强度方面，女性消费者的影响明显高于男性消费者的，即女性消费者更关注成员之间的信任。营销领域学者Bae（2011）[4]研究证实，消费者在在线评论对购买意愿的影响方面，女性消费者相比男性消费者表现出更强的作用关系，并且负面评论对女性消费者产生的影响更大。类似地，Awad 和 Ragowsky（2008）[6]研究发现，在电子商务情境下，在其他用户的响应参与对口碑质量的正向影响方面，女性消费者相比男性消费者表现出更强的作用关系。延伸到本书情境，即女性消费者相比男性消费者而言更关注与其他消费者之间的互动有效性。据此，提出以下假设。

H12c：在与其他消费者之间互动有效性感知→消费者信任的影响路径方面，女性消费者比男性消费者表现出更强的作用关系。

4.4　本章小结

本章在第三章主要理论基础述评的基础上，对本书中涉及的主要变量及其维度进行了界定，构建了消费者信任的前因后果模型，并对本书模型中的假设进行了推演。

（1）基于需方消费者视角构建消费者信任的前因后果模型，其中以制度信任和社会互动为消费者信任的前因变量，以感知风险和持续共享意愿为消费者信任的后果变量，以消费者性别作为消费者信任前因机制上的调节变量。其中，制度信任采用制度机制有效性感知命名，包括六个维度，分别是反馈机制有效性感知、审核与认证机制有效性感知、隐私保证机制有效性感知、争议解决机制有效性感知、政府监管有效性感知和行业自律监管有效性感知；社会互动包括两个二阶变量：与供方之间互动有效性感知和与其他消费者之间互动有效性感知，其中，与供方之间互动有效性感知包含自我披露可信度感知和面对面互动互惠性感知，与其他消费者之间互动有效性感知包含在线评论有效性感知和友好互信关系感知；感知风险包含人身安全风险、隐私风险、财务风险和时间风险四个维度，消费者信任和持续共享意愿为单维度变量。

（2）对研究模型中各个变量之间的关系进行假设推演与发展。主效应假设方面，制度机制有效性感知各个具体维度正向影响消费者信任（H1~H6），社会互动有效性感知两个二阶变量正向影响消费者信任（H7和H8）；消费者信任负向影响感知风险（H9）；消费者信任正向影响持续共享意愿（H10）；感知风险负向影响持续共享意愿（H11）。调节效应方面，性别在制度机制有效性感知与消费者信任之间具有调节效应（H12a）以及在社会互动有效性感知与消费者信任之间具有调节效应（H12b和H12c）。

在对本章所提出的各个假设进行实证检验之前，拟在下一章对研究方法进行详细介绍。

第5章　研究方法

5.1　变量测量

5.1.1 初始测量题项生成

本书模型包括反馈机制有效性感知、审核与认证机制有效性感知、隐私保证机制有效性感知、争议解决机制有效性感知、政府监管有效性感知、行业自律监管有效性感知、自我披露可信度感知、面对面互动互惠性感知、在线评论有效性感知、友好互信关系感知、消费者信任、持续共享意愿以及感知风险四个维度（人身安全风险、隐私风险、财务风险和时间风险）共16个变量。为确保变量及其测量指标的内容效度，本书模型中变量的所有测度项均源于已有研究中被检验过的成熟量表，并结合本书特定情境和特定共享出行平台进行了修改与完善。

（1）反馈机制有效性感知（FED）。反馈机制有效性感知是指需方消费者认为在线共享平台的反馈机制能够提供关于服务提供方准确和可靠信息的程度。参考 Pavlou 和 Gefen（2004）[30] 的研究，该变量采用三个题项来测量，如表5.1所示。

（2）审核与认证机制有效性感知（ARM）。审核与认证机制有效性感知是指需方消费者认为共享平台能够提供有关服务提供方履行能力的可靠信息的程度。参考 Mishra 等（1998）[272] 的研究，该变量采用三个题项来测量，如表 5.2 所示。

（3）隐私保证机制有效性感知（PRM）。隐私保证机制有效性感知是指需方消费者认为共享平台能够保护他/她的隐私信息免受不正当或非法使用风险的程度。参考 Kim 等（2010）[273] 的研究，该变量采用三个题项来测量，如表 5.3 所示。

表 5.1　反馈机制有效性感知的测量题项

变量	题项代码	测量题项	题项数
	FED1	我认为该共享平台的反馈机制能够提供有关平台司机声誉的准确信息	
FED	FED2	通过该共享平台的反馈机制，可以获得大量关于平台司机交易历史的有用反馈信息	3
	FED3	我相信该共享平台的反馈机制是可靠和值得信赖的	

表 5.2　审核与认证机制有效性感知的测量题项

变量	题项代码	测量题项	题项数
	ARM1	在平台司机注册加入该共享平台时，我相信平台会对司机身份信息进行仔细查验和筛选	
ARM	ARM2	评估平台司机的能力和资质是平台筛选过程的重要组成部分	3
	ARM3	我相信该共享平台在审核和评估司机的能力和资质方面做出了很大的努力	

表 5.3　隐私保证机制有效性感知的测量题项

变量	题项代码	测量题项	题项数
	PRM1	该共享平台的隐私保证机制让我觉得在平台上发送敏感信息和隐私信息是安全的	
PRM	PRM2	隐私保证机制让我感觉在该共享平台的敏感信息和隐私信息非常安全	3
	PRM3	总体而言，该共享平台的隐私保证机制让我放心把个人敏感信息和隐私信息存储在该平台	

（4）争议解决机制有效性感知（DS）。争议解决机制有效性感知是指需方消费者认为共享平台的在线纠纷解决服务能够根据他们期望的方式来处理与服务提供方之间的纠纷或投诉的程度。参考 Galves（2009）[274]的研究，该变量采用三个题项来测量，如表 5.4 所示。

（5）政府监管有效性感知（GM）。政府监管有效性感知是指需方消费者对于政府和法律层面在监管共享经济和保护消费者权益方面所制定的政策有

效性的感知程度。参考 Lwin 等（2007）[275]的研究，该变量采用三个题项来
测量，如表 5.5 所示。

表 5.4　争议解决机制有效性感知的测量题项

变量	题项代码	测量题项	题项数
DS	DS1	如果平台司机试图欺骗我，平台的争议解决机制可以保护我的权益不受到损害	3
	DS2	如果平台司机服务态度差，平台的争议解决机制可以保证我的利益	
	DS3	相信该共享平台的争议解决机制是有效的	

表 5.5　政府监管有效性感知的测量题项

变量	题项代码	测量题项	题项数
GM	GM1	我国政府已出台相关法律法规保护在共享经济模式下消费者个人权益以及安全隐私信息	3
	GM2	我国政府已采取充分措施来确保在共享经济模式下消费者的权益与隐私安全	
	GM3	我国政府严格参照国际法律来保护消费者在共享经济环境下个人权益和隐私安全	

（6）行业自律监管有效性感知（IM）。行业自律监管有效性感知是指需
方消费者认为自我管理的贸易团体、协会等机构在协助政府监管共享经济和保
护消费者权益方面所制定的业内行为准则有效性的感知程度。对于行业自律监
管的测量，以往学者大多采用实验方法进行，而本书与过往研究不同，主要基
于消费者感知的角度进行考察，因此本书综合 Xu 等（2012）[253]和 Listokin
（2017）[276]的研究，采用三个题项来测量行业自律监管的效率和效果，如
表 5.6 所示。

（7）自我披露可信度感知（SD）。自我披露可信度感知指需方消费者认
为供方自我披露的在线档案信息的可信程度。参考 Moon（2019）[13]和 Filieri
等（2015）[244]的研究，该变量采用四个题项来测量，如表 5.7 所示。

（8）面对面互动互惠性感知（FACE）。面对面互动互惠性感知指需
方消费者认为与供方之间面对面互动的有效性程度。参考 Brady 和 Cronin

（2001）[277] 以及 Lemke 等（2011）[278] 的研究，该变量采用四个题项进行测量，如表 5.8 所示。

表 5.6　行业自律监管有效性感知的测量题项

变量	题项代码	测量题项	题项数
IM	IM1	网约车平台自有的信任与安全机制能有效保护消费者权益和数据隐私的安全	3
	IM2	网约车平台的隐私政策已通过专业认证并获得相应隐私印章	
	IM3	网约车平台所属行业协会采取了足够措施来保护消费者个人权益和安全	

表 5.7　自我披露可信度感知的测量题项

变量	题项代码	测量题项	题项数
SD	SD1	在共享平台网站上显示的司机档案资料和照片是可信的	4
	SD2	在平台网站上显示的司机资料介绍了司机过往服务经历（例如接单数等）	
	SD3	在平台网站上关于司机所驾汽车的型号等相关信息的介绍是值得信赖的	
	SD4	总体而言，在平台网站上发布的司机档案信息是可信的	

表 5.8　面对面互动互惠性感知的测量题项

变量	题项代码	测量题项	题项数
FACE	FACE1	我认为与平台司机面对面互动的质量很高	4
	FACE2	我认为与平台司机的线下互动很好	
	FACE3	我认为与平台司机的面对面交流非常出色	
	FACE4	通过面对面互动交流，我与一些平台司机成了日常生活中的好朋友	

（9）在线评论有效性感知（OR）。在线评论有效性感知指需方消费者认为在线共享社区其他消费者能够真实、有效反映供方所分享的产品或服务质量的程度。参考 Park 和 Kim[279] 的研究，该变量采用三个题项进行测量，如表 5.9 所示。

（10）友好互信关系感知（PEOR）。友好互信关系感知指需方消费者认为与共享平台在线社区其他消费者通过线下面对面互动而建立起友好互信关系的程度。参考 Gremler 和 Gwinner（2000）[280]的研究，本书采用五个测量题项对该变量进行测量，如表 5.10 所示。

（11）消费者信任（TRUST）。本书中的消费者信任主要指消费者对共享经济平台的信任。参考共享经济领域 Möhlmann（2015）[11]的研究，本书采用三个题项对消费者信任进行测量，如表 5.11 所示。

（12）持续共享意愿（CSI）。持续共享意愿是指消费者的重购意愿，即继续使用共享平台的意愿。参考共享经济领域 Möhlmann（2015）[11]和 Hamari 等（2016）[94]的研究，本书采用四个题项对持续共享意愿进行测量，如表 5.12 所示。

（13）感知风险的四个维度。人身安全风险（SR）是指消费者使用共享产品或服务过程中可能遭受的人身攻击或安全威胁，该变量参考 Yang 等（2018）[129]的研究，采用三个题项进行测量；隐私风险（PR）是指消费者在使用共享平台享受共享服务过程中或之后，在不知情或未经许可情况下个人信息被泄露或恶意传播而造成的潜在损失，该变量参考 Featherman 等（2003）[195]的研究，采用三个题项进行测量；财务风险（FR）是指由于共享交易价格变化或平台在线交易环境变化而给消费者带来的财务损失担忧或由于欺诈造成的实际财务损失，参考 Featherman 等（2003）[195]的研究，采用三个题项进行测量；时间风险（TR）是指消费者在搜寻共享服务或产品时可能浪费的时间或者下单后由于共享服务或产品发送不及时而可能浪费的时间，尤其是当共享产品或服务不符合预期时更换共享产品或服务所浪费的时间。参考 Featherman 等（2003）[195]的研究，采用三个题项来测量。感知风险各个维度的测量题项参见表 5.13。

（14）控制变量。现有研究表明消费者的感知隐私风险、消费者信任和持续共享意愿还会受到人口特征，例如年龄、受教育程度、所在城市、从事职业、平台使用频率等因素的影响。为防止这些因素对主效应产生干扰作用，本书将其作为控制变量纳入研究模型，将其可能产生的影响均进行控制。

表 5.9　在线评论有效性感知的测量题项

变量	题项代码	测量题项	题项数
OR	OR1	我相信该共享平台采取了有力措施对在线评论的真实性进行严格审核和评估	3
	OR2	我相信在平台网站上的其他用户的评论真实有效，并对我选择共享出行的决策非常有帮助	
	OR3	我相信在平台网站上其他用户的在线评论是对供方产品或服务质量的客观评价	

表 5.10　友好互信关系感知的测量题项

变量	题项代码	测量题项	题项数
PEOR	PEOR1	我乐于与其他乘客进行面对面互动交流	5
	PEOR2	我与其他乘客面对面交流时带给我一种亲切感	
	PEOR3	我与其他乘客之间建立了和谐的人际关系	
	PEOR4	与其他乘客的面对面互动带给我一种舒适感	
	PEOR5	与一些乘客成为好朋友，并期待与他们再次会面	

表 5.11　消费者信任的测量题项

变量	题项代码	测量题项	题项数
TRUST	TRUST1	该共享平台给我的印象是能经常恪守对消费者的承诺	3
	TRUST2	该共享平台提供了一个稳健、安全的环境，我可放心在平台上使用共享服务	
	TRUST3	总体而言，该共享平台是值得信任的	

表 5.12　持续共享意愿的测量题项

变量	题项代码	测量题项	题项数
CSI	CSI1	经过周全考虑，将来我会经常选择该共享平台预订快车服务	4
	CSI2	我可确信，将来会更频繁地使用该共享平台享受汽车共享服务	
	CSI3	我可确信，如有可能，我会增加使用该共享平台的次数	
	CSI4	我有可能会推荐我的家人或朋友使用该出行平台	

表 5.13　感知风险的测量题项

变量	题项代码	测量题项	题项数
SR	SR1	搭乘共享平台汽车时，会担心车内卫生问题而染上身体疾病	
	SR2	搭乘共享平台汽车时，担心平台司机对我实施暴力或其他犯罪活动	3
	SR3	搭乘共享平台汽车时，担心平台司机有不良嗜好，对我的人身安全构成潜在威胁	
PR	PR1	注册并使用该共享平台时，个人信息会在不知情的情况下被平台或他人非法使用，具有个人隐私泄露的风险	
	PR2	使用过该共享平台后，网络黑客（或其他不法分子）会窃取个人隐私信息并非法传播	3
	PR3	总体而言，通过该共享平台使用共享汽车服务时，会面临潜在隐私风险	
FR	FR1	通过该共享平台在线支付乘车费用时，移动支付账户（微信、支付宝等）和密码很可能会被不法分子窃取	
	FR2	通过该共享平台使用移动支付业务，支付账户会遭受潜在财务损失风险	3
	FR3	乘坐共享平台汽车出行时，会存在贵重物品或钱财丢失的风险	
TR	TR1	注册并使用该共享平台时，要在线填写较多的资料信息，这浪费了不少时间	
	TR2	通过该共享平台预订快车时，因司机接单响应不及时而产生较长时间的等待，延误了出行时间	3
	TR3	乘坐共享平台快车时，有些司机不按既定路线行驶，耽误了不少时间	

5.1.2 预调研及量表纯化

在进行正式问卷调研之前，本书进行了预调研，旨在收集初步数据以对初始测量量表的信度和效度进行检验，然后基于检验结果对初始测量量表进行纯化，以形成正式调研问卷。预调研问卷的主体内容与正式调研问卷一样，均采用李克特（Likert）5 级量表，其中，1 代表"非常不同意"，2 代表"比较不同意"，3 代表"不确定"，4 代表"比较同意"，5 代表"非常同意"。预调研问卷中还包括了反映参与调研的需方消费者的基本信息，例如平台使用频率、年龄、性别、教育程度、所在城市、从事职业等人口统计变量。

参与预调研的人群样本主要有两类：一类是本书作者通过微信、QQ 等即时通信工具，一对一发送电子版问卷的填答者；另一类是使用过该共享平台的在校大学生，主要由学生协助在本书作者工作高校进行随机抽样填答问卷。本次预调研共发放 202 份问卷，最后回收有效问卷 125 份，问卷有效回收率为61.9%。预调研的样本数量满足 Parasuraman 等（1988）[281] 主张的量表纯化时样本量不少于 100 个的要求。样本结构表明，年轻化和高学历群体是共享经济平台的主力消费者，基本符合我国共享经济平台使用群体的分布情况，参见表 5.14。

表 5.14　预调研样本情况

题选	范围	频次	百分比（%）
性别	男	69	55.2
	女	56	44.8
年龄	＜20 岁	6	4.8
	20～29 岁	29	23.2
	30～39 岁	44	35.2
	40～49 岁	39	31.2
	≥ 50 岁	7	5.6
教育程度	高中及以下	16	12.8
	在校生	17	13.6
	专科	14	11.2
	本科	44	35.2
	研究生	34	27.2
所在城市	一线城市	78	62.4
	二线城市	12	9.6
	三线城市	12	9.6
	其他	23	18.4

题选	范围	频次	百分比（%）
职业	全日制学生	22	17.6
	国家机关工作人员	8	6.4
	企事业单位工作人员	62	49.6
	自由职业	11	8.8
	其他	22	17.6
平台使用频率	1~5次	42	33.6
	6~10次	27	21.6
	11~15次	9	7.2
	16~20次	8	6.4
	>20次	39	31.2

1. 内部一致性信度分析

本书使用SPSS23.0统计软件来计算各个测量指标修正后的项、总计相关性系数（CITC）以及各个变量的 Cronbach α系数，计算结果参见表 5.15。本书参照 Churchill（1979）[282] 提出的研究方法来对本书的测量指标进行纯化，即剔除"垃圾题项"。对测量指标进行纯化的具体步骤如下。首先，剔除 CITC 系数小于 0.50 的测量题项（"垃圾题项"）。其次，计算测量指标纯化之前和之后各个相关变量的 Cronbach α 系数，通过比较纯化前后的 Cronbach α 值来判断剔除"垃圾题项"后各个变量的测量量表的内部一致性信度水平是否有显著提升。对测量指标进行纯化后可得到一个较为平稳、统一的测量量表。最后，对纯化后得到的测量量表中所有测量题项进行探索性因子分析，以此评价概念维度划分的正确性和合理性。

从表 5.15 可以看出，本书预调研问卷中各个变量测量指标的 Cronbach α 系数都大于 0.70 的基本标准，这表明本书各个测量变量都具有较高的可靠性。在各个结构变量的所有测量指标中，除面对面互动互惠性感知（FACE）的第4项指标（FACE4）的 CITC 系数低于 0.50 的标准值外，其他所有测量指标的CITC 系数均大于 0.50。因此，本书删除 FACE4 测量指标以对量表进行纯化。之后，通过计算发现，面对面互动互惠性感知（FACE）变量的 Cronbach α 系数由纯化前的 0.809 上升至 0.932，这表明该变量测量量表的信度水平有了较大提升。因此，本书决定保留剩余的 52 个测量指标进入下一步分析。

表 5.15　内部一致性信度分析结果

变量	测量题项	CITC	删除项后的 Cronbach α	Cronbach α
FED	FED1	0.786	0.889	
	FED2	0.880	0.809	0.905
	FED3	0.775	0.895	
ARM	ARM1	0.752	0.850	
	ARM2	0.804	0.802	0.882
	ARM3	0.758	0.844	
PRM	PRM1	0.829	0.863	
	PRM2	0.857	0.842	0.910
	PRM3	0.778	0.909	
DS	DS1	0.845	0.850	
	DS2	0.782	0.901	0.910
	DS3	0.832	0.859	
CSI	CSI1	0.887	0.943	
	CSI2	0.876	0.946	0.955
	CSI3	0.921	0.932	
	CSI4	0.881	0.944	
TRUST	TRUST1	0.926	0.908	
	TRUST2	0.891	0.936	0.952
	TRUST3	0.880	0.944	
GM	GM1	0.894	0.968	
	GM2	0.935	0.938	0.964
	GM3	0.940	0.934	
IM	IM1	0.895	0.854	
	IM2	0.841	0.898	0.925
	IM3	0.812	0.924	

续表

变量		测量题项	CITC	删除项后的 Cronbach α	Cronbach α
PEISP	SD	SD1	0.879	0.929	
		SD2	0.899	0.922	0.947
		SD3	0.883	0.927	
		SD4	0.832	0.943	
	FACE	FACE1	0.762	0.695	
		FACE2	0.813	0.666	0.809
		FACE3	0.791	0.678	
		FACE4	0.232	0.932	
PEIOC	OR	OR1	0.767	0.779	
		OR2	0.751	0.790	0.860
		OR3	0.695	0.845	
	PEOR	PEOR1	0.918	0.964	
		PEOR2	0.912	0.964	
		PEOR3	0.931	0.961	0.971
		PEOR4	0.933	0.961	
		PEOR5	0.890	0.969	
PRR	PR	PR1	0.916	0.929	
		PR2	0.920	0.926	0.956
		PR3	0.886	0.952	
	TR	TR1	0.670	0.909	
		TR2	0.812	0.772	0.874
		TR3	0.805	0.785	
	SR	SR1	0.811	0.883	
		SR2	0.857	0.843	0.912
		SR3	0.802	0.891	
	FR	FR1	0.899	0.902	
		FR2	0.927	0.878	0.942
		FR3	0.821	0.960	

2. 效度分析

本书对上述信度分析中保留的 52 项测量指标进行探索性因子分析。首先，本书采用 SPSS 23.0 软件，运用主成分分析方法，以特征值大于 1 为标准抽取公因子，并进行方差极大正交旋转。其次，根据旋转后各个因子的负荷及累计方差解释率来评估是否保留各个测量指标。数据统计分析显示，本书中各个结构变量的 KMO 值为 0.859（$p<0.001$），高于 0.50 的最低标准，说明本书获得的样本数据适合进行探索性因子分析。本书经过正交旋转后共抽取 10 个特征值大于 1 的因子（参见表 5.16），且它们的累计解释方差比率达到了 81.79%，说明这些因子保留了原始数据中较多的信息。隐私风险的 3 个题项、人身安全风险信任的 3 个题项、财务风险的 3 个题项以及时间风险的 3 个题项聚合到因子 1 上，因此本书最初的理论构想，即感知风险是包含隐私风险、人身安全风险、时间风险和财务风险的多维度构念得到了验证。此外，探索性因子分析结果显示，除隐私与认证机制有效性感知（PRM）的第 3 项指标（PRM3）的因子负荷值小于 0.50 外，其他各个测量指标在单一维度上的因子负荷值均大于 0.50，而且没有出现交叉负荷情况，表明本书的测量量表具有良好的收敛效度、区别效度及单一维度性。因此，删除 PRM3 后，剩余 51 个测量指标予以保留，以进行后续的正式问卷调研和数据分析。

表 5.16　探索性因子分析结果

变量	因子									
	1	2	3	4	5	6	7	8	9	10
FED1	−0.005	0.061	0.307	0.035	0.642	−0.012	0.092	0.228	0.085	0.479
FED2	−0.054	0.128	0.273	−0.035	0.734	−0.063	−0.127	0.138	0.049	0.413
FED3	−0.019	0.052	0.439	0.013	0.751	0.012	−0.067	0.132	0.077	0.197
ARM1	−0.182	0.126	0.119	0.078	−0.200	−0.043	0.764	0.119	0.000	0.111
ARM2	−0.046	0.179	0.052	0.260	−0.103	−0.103	0.756	0.013	0.011	0.005
ARM3	0.020	0.247	0.040	−0.003	0.054	−0.028	0.830	−0.041	0.075	0.001
PRM1	0.341	0.177	0.150	0.247	0.091	0.055	−0.064	0.584	0.249	−0.280
PRM2	0.343	0.089	0.063	0.298	0.048	0.094	−0.063	0.614	0.219	−0.310
PRM3	0.422	0.042	−0.010	0.420	0.085	−0.031	−0.039	0.458	0.090	−0.296

变量	因子									
	1	2	3	4	5	6	7	8	9	10
DS1	−0.066	0.015	0.336	0.048	−0.183	−0.029	0.039	0.025	−0.050	0.824
DS2	−0.068	0.077	0.391	0.053	−0.044	−0.078	0.104	−0.011	−0.146	0.761
DS3	−0.082	0.016	0.209	−0.023	−0.193	−0.117	0.091	−0.097	−0.043	0.848
CS1	0.249	0.898	0.035	0.058	−0.014	−0.031	−0.011	−0.004	0.017	0.026
CS2	0.219	0.853	−0.012	0.141	0.049	0.062	0.010	−0.073	0.054	−0.041
CS3	0.166	0.894	0.027	0.210	0.042	0.075	−0.001	−0.070	−0.005	0.047
CS4	0.218	0.877	0.054	0.114	0.050	0.060	−0.088	−0.029	−0.009	0.039
TRUST1	0.267	0.818	0.127	0.265	0.028	−0.020	−0.024	−0.056	0.163	0.057
TRUST2	0.236	0.803	0.015	0.287	0.027	0.007	0.045	−0.071	0.145	0.034
TRUST3	0.247	0.829	0.087	0.216	0.071	0.009	−0.021	−0.119	0.130	0.037
GM1	0.298	0.466	−0.030	0.327	−0.098	−0.050	0.040	−0.036	0.662	0.023
GM2	0.290	0.441	−0.053	0.422	−0.015	0.022	0.074	−0.067	0.672	0.014
GM3	0.305	0.473	−0.001	0.369	−0.064	−0.012	0.080	−0.117	0.663	−0.025
IM1	−0.007	0.074	−0.074	0.019	−0.139	0.938	0.023	−0.029	−0.010	−0.021
IM2	−0.024	0.038	−0.071	0.066	−0.082	0.924	0.012	0.029	−0.071	−0.053
IM3	−0.028	0.044	−0.026	−0.114	0.023	0.910	0.026	−0.039	0.071	0.059
SD1	0.010	0.095	0.837	0.001	0.274	−0.052	0.071	0.119	0.010	−0.196
SD2	−0.046	0.116	0.866	0.001	0.241	−0.035	−0.002	0.129	0.012	−0.109
SD3	−0.023	0.041	0.882	−0.035	0.229	−0.038	0.015	0.080	−0.013	−0.133
SD4	−0.065	0.136	0.781	0.009	0.246	−0.089	0.127	0.162	0.032	−0.119
FACE1	0.117	−0.004	0.791	−0.033	0.201	0.022	0.202	0.035	−0.069	0.154
FACE2	0.120	−0.025	0.840	0.025	0.106	−0.008	0.176	0.043	0.012	0.237
FACE3	0.146	−0.020	0.842	0.003	0.134	−0.033	0.117	0.013	−0.003	0.302
OR1	−0.053	0.009	0.260	0.855	0.053	−0.047	−0.030	0.183	−0.087	−0.017
OR2	0.002	−0.062	0.158	0.817	0.010	0.091	0.048	0.261	0.048	0.047
OR3	0.065	−0.031	0.142	0.773	0.039	0.024	−0.052	0.254	0.110	−0.007
PEOR1	0.221	0.289	−0.090	0.861	−0.033	−0.015	−0.039	−0.105	0.089	−0.031
PEOR2	0.264	0.245	0.032	0.865	−0.048	−0.082	−0.050	−0.043	0.071	−0.016

续表

变量	因子									
	1	2	3	4	5	6	7	8	9	10
PEOR3	0.280	0.291	−0.013	0.856	−0.008	0.036	0.016	−0.028	0.083	0.032
PEOR4	0.216	0.337	0.024	0.863	0.026	0.010	−0.025	0.007	0.117	0.008
PEOR5	0.249	0.209	0.011	0.863	0.141	0.014	0.039	−0.061	0.123	−0.008
FR1	0.798	0.262	0.024	0.099	−0.055	0.098	−0.022	0.018	0.146	−0.096
FR2	0.783	0.292	0.064	0.090	−0.018	0.109	−0.033	0.028	0.187	−0.043
FR3	0.804	0.241	0.052	0.063	0.037	0.001	−0.098	0.025	0.121	0.010
PR1	0.826	0.154	0.039	0.265	−0.072	0.093	0.016	0.035	0.098	−0.088
PR2	0.824	0.170	0.005	0.257	−0.129	0.058	0.069	0.049	0.142	−0.052
PR3	0.811	0.184	−0.008	0.368	−0.110	−0.009	0.045	0.029	0.094	−0.022
TR1	0.782	0.010	0.218	−0.123	−0.014	−0.032	0.190	0.073	−0.076	0.156
TR2	0.830	−0.122	0.140	−0.115	0.092	−0.032	0.284	0.079	−0.010	−0.036
TR3	0.825	−0.162	0.132	0.046	0.102	0.016	0.296	0.023	−0.010	−0.078
SR1	0.831	0.057	−0.048	0.059	0.088	−0.103	0.077	−0.008	0.012	0.005
SR2	0.840	0.171	0.014	0.092	0.010	−0.106	0.078	−0.025	−0.074	0.014
SR3	0.812	0.123	−0.058	0.122	0.055	−0.052	0.091	0.006	−0.078	0.095

5.2 正式调研问卷的生成

5.2.1 问卷的基本结构

在经过预调研及样本纯化后，生成本书的正式调研问卷，详情参见附录。本书正式调研问卷的结构基本沿用预调研问卷的结构形式和内容，分为问卷说明、问卷主体和结束语三个部分。问卷说明主要阐明调研问卷的学术研究性质和调研目的。问卷主体具体包括两个部分：第一部分是受访者的基本信息，包括性别、年龄、学历、平台使用频率、所在城市、从事职业等题项；第二部分是本书模型中各个变量的测量题项，其中反馈有效性感知（FED）包括 3 个测量指标，审核与认证机制有效性感知（ARM）包括 3 个测量指标，隐私保证机制有效性感知（PRM）包括了 2 个测量指标，争议解决机制有效性感知（DS）包括 3 个测量指标，政府监管有效性感知（GM）包括 3 个测量指标，行业自律监管有效性感知（IM）包括 3 个测量指标，自我披露可信度感知（SD）包括 4 个测量指标，面对面互动互惠性感知（FACE）包括 4 个测量指标，在线评论有效性感知（OR）包括 3 个测量指标，友好互信关系感知（PEOR）包括 5 个测量指标，消费者信任（TRUST）包括 3 个测量指标，持续共享意愿（CSI）包括 4 个测量指标，感知风险四个维度人身安全风险（SR）、隐私风险（PR）、财务风险（FR）和时间风险（TR）各包括 3 个测量指标。上述变量的测量指标均使用 5 级李克特量表。问卷最后以简短的致谢作为结束语。

5.2.2 问卷防偏措施

共同方法偏差（common method biases）是指因数据来源相同或相同的测量环境、项目语境以及项目本身特征所形成的预测变量与效标变量之间人为的共变[283]。这种人为的共变是一种系统误差，会对研究结果产生严重的混淆并对结论有潜在的误导。共同方法偏差问题广泛存在于心理学、消费者行为科学研究中，特别是采用问卷调查法的研究中，引起了越来越多研究者的注意。

本书的数据来源于问卷调查，也同样会存在共同方法偏差问题。为了将共同方法偏差问题最小化，本书作者采取了严格的问卷防偏措施：首先，在问卷设计上，本书涉及的相关变量题项在编排时，随意打乱顺序，分散安排在不同模块中，目的是减少被试者对测量目的的猜度，并减少共同的项目语境对被试者的影响。

其次，在数据收集方面，由于该共享平台用户群体广泛，遍布全国各个大中小城市，为确保数据收集的随机性、多样性和真实性，本书委托问卷星样本服务收集数据，要求对有效样本进行严格筛选，且要求不同受试者在不同时间段完成，这极大地避免了共同方法偏差问题。最后，在调查结束后，样本服务机构还随机选择了 30 位使用过该共享平台的消费者进行回访和重复填写，以确认他们前面填写问卷内容的一致性和准确性。结果两组不同时间填写的样本之间差异不大，显示了较好的一致性。

5.2.3 样本选择与数据收集

本书委托长沙某科技有限公司负责问卷调查的具体执行工作。作为国内 C2C 共享经济商业模式的典型代表企业，其共享平台拥有广泛的消费者群体基础，平台自有的制度机制以及政府、行业协会的监管机制是否健全、有效，一直倍受公众关注。同时，消费者使用平台出行的过程中也必然会涉及与平台司机之间的线上线下互动及与其他乘客之间的互动。因此，本书确定将使用过该共享平台的普通消费者作为数据采集对象。正式调研样本情况如表 5.17。

表5.17　正式调研样本情况

题选	范围	频次	百分比（%）
性别	男	148	44
	女	188	56
年龄	<20 岁	13	3.9
	20～29 岁	130	38.7
	30～39 岁	126	37.5
	40～49 岁	53	15.8
	≥50 岁	14	4.2
教育程度	高中及以下	30	8.9
	在校生	39	11.6
	专科	41	12.2
	本科	180	53.6
	研究生	46	13.7
所在城市	一线城市	160	47.6
	二线城市	83	24.7
	三线城市	60	17.9
	其他	33	9.8
职业	全日制学生	64	19
	国家机关工作人员	21	6.3
	企事业单位工作人员	200	59.5
	自由职业	27	8.0
	其他	24	7.1

续表

题选	范围	频次	百分比（%）
	1～5 次	88	26.2
	6～10 次	79	23.5
平台使用频率	11～15 次	47	14
	16～20 次	33	9.8
	>20 次	89	26.5

在上述调研机构的协调安排下，2019 年 4 月中旬开始数据采集工作，共收集到问卷 370 份。之后将收集的问卷按照以下标准删除无效问卷：答题时间低于 30 s、"3"选项过多、答案呈现某种规律、遗漏题项未答。最终排选出 336 份，占回收问卷总量样本比重 90.8%。从样本结构来看，性别方面，男性 148 份，女性 188 份。年龄方面，约 76% 的受访者年龄在 20 至 39 岁之间。学历方面，约 67% 的受访者至少拥有本科及以上学历。超过一半的受访者居住在中国的一线城市和二线城市。在职业方面，6.3% 为国家机关工作人员，约 60% 为企事业单位工作人员，8% 为自由职业者，13% 来自其他行业。在平台出行使用频率方面，超过一半的受访者在过去一年中使用该共享平台次数超过十次，彰显出较强的持续使用意愿。从样本数据的人口统计特征来看，年轻群体更倾向参与共享经济，这也反映出年轻群体具有较强烈的潮流归属动机。同时，受教育程度水平越高的消费者，创新性程度越高，更愿意尝试和接受新事物、新产品、新观念和新技术等。

5.3 分析方法

5.3.1 结构方程模型的类型

结构方程模型（Structural equation modeiling，SEM）是在学者Jöreskog（1971）[284] 提出的统计理论基础上发展而来的，是一种综合性统计分析方法，它因整合了因子分析与路径分析两大技术得到广泛应用与普及。近年来，SEM 已成为管理学、心理学和教育学等社会科学领域流行的统计方法。

一个完整的 SEM 模型一般由两个部分组成：一是测量模型，或称外部模型，它反映了可观测变量与潜变量之间的关系；二是结构模型，或称内部模型，它反映了潜变量与潜变量之间的因果关系。SEM 的重要价值在于它不仅可估计不能直接测量的构念，而且允许自变量和因变量存在测量误差。从统计方法学来看，SEM 在数据处理方面有独到的优势，它可以细致地处理误差结构，不仅能分享测量误差，还能预测剩余的估计残差。

目前，SEM 主要分为两类，一类是基于协方差的结构方程模型（convariance-based SEM，CB-SEM），另一类是建立在方差分析方法基础上的偏最小二乘法的结构方程模型（partial least squares SEM，PLS-SEM）。CB-SEM 更适合于验证性检验，而 PLS-SEM 更适合于预测性研究[285]。目前，CB-SEM 分析常用的统计软件包括 AMOS、LISREL 和 SAS 等，而 PLS-SEM 分析常用的统计软件包括 SmartPLS、PLS-Graph、LVPLS 和 SPAD-PLS 等。

从结构方程的形式和结构来看，CB-SEM 和 PLS-SEM 具有一致性。这两种统计方法都能够综合考量模型中各个方程之间的相互关系，并且都可以估计结构方程中的所有参数。但是，在实际运用中，CB-SEM 和 PLS-SEM 还存在以下差别：一是 CB-SEM 对样本数据正态分布有严格要求，而 PLS-SEM 消除了样本数据要求多元正态分布的硬性限制要求；二是样本规模要求，CB-SEM 建议最小样本数目为 200~800 个，而 PLS-SEM 建议最小样本数目为 30~100 个；三是 CB-SEM 适用于对所有观察变量的整体估计，对模型整体拟合度指标具有较高要求，而 PLS-SEM 适用于每个潜变量是其观测变量的线性组合，便于分析多个自变量和因变量之间的结构关系。

5.3.2 统计工具的选择

本书的主要目的是将制度信任理论和社会渗透理论拓展至共享经济 C2C 情境，构建消费者信任的因果关系模型，基于消费者感知视角探察影响消费者信任的制度机制因素和社会互动因素，从而进一步发展在线信任、制度信任理论和社会渗透理论，并探索消费者信任对感知风险、持续共享意愿关系的作用机理。因此，本书是一项预测导向研究，重点探察多种制度机制和社会互动因素（多自变量）与消费者对平台信任（因变量）之间的线性关系，因此，本书拟选择 PLS-SEM 方法作为统计分析工具。

具体而言，本书选择使用 PLS-SEM 统计分析方法，主要归因于以下三个方面。

第一，符合研究目标。本书的目的是在共享经济 C2C 情境下基于消费者感知视角系统研究消费者平台信任的前因与后果，其研究主旨在于对现有在线信任理论、制度信任理论和社会渗透理论的延伸和扩展。因此，它并非一项验证性研究，而是预测性研究。

第二，契合样本规模要求。本书正式调研获得的有效样本数量为 336个。根据 PLS-SEM 的经验法则，进行 PLS-SEM 分析对样本量的最低要求是各个变量测量指标最大数目的 10 倍，或各个内在潜变量所构建路径关系最大数目的 10 倍[285-286]。在本书模型中，测量指标最多的潜变量是友好互信系感知，有 5 项指标；路径关系数量最多的内生潜变量是消费者信任，包括 8 条研究路径。因此，本书的有效样本量远高于 PLS-SEM 对样本量的基本要求。

第三，PLS-SEM 日益广泛地被应用于国内外市场营销研究。例如，*Computers in Human Behavior* 期刊上仅 2018—2019 年就有 12 篇文章采用 PLS-SEM 统计方法开展消费者行为相关研究。除国际营销研究论文外，近年来国内市场营销领域的论文也越来越多使用 PLS-SEM 作为统计分析工具。据初步统计，2018—2019 年国内 CSSCI 期刊就有 10 余篇营销研究相关的文章应用 SmartPLS结构方程软件进行数据统计和分析。

在进行样本数据统计分析过程中，本书将综合使用 SPSS 23.0 和 SmartPLS 3.0 统计软件，对本书各个变量测量量表进行信度分析和效度（包括收敛效度和区别效度）分析，以及对二阶变量因子和各个研究假设进行检验。

5.4 本章小结

本章对实证检验的研究方法进行了详细介绍，具体包括以下几点。

（1）生成研究模型中各个潜变量的初始测量题项。制度机制有效性感知六个维度均包含 3 项测量指标；与供方之间互动有效性感知的两个一阶变量中，自我披露可信度感知包含 4 项测量指标，面对面互动互惠性感知包含 4 项测量指标；与其他消费者之间互动有效性感知的两个一阶变量中，在线评论有效性感知包含 3 项测量指标，友好互信关系感知包含 5 项测量指标。消费者信任采用 3 项测量指标，持续共享意愿包含 4 项测量指标；感知风险四个维度均采用 3 项测量指标。

（2）对生成的测量量表进行预调研和量表纯化。基于 125 份预调研问卷样本数据对初始量表进行信度分析、效度分析和探索性因子分析后发现，除面对面互动互惠性感知的第 4 项指标（FACE4）和隐私与认证机制有效性感知的第 3 项指标（PRM3）未达标外，其余 51 项测量指标均达到标准。

（3）基于纯化后的量表题项形成正式调研问卷，以国内有过出行平台使用经历的消费者为调研对象，并委托专业机构进行样本数据收集。采取了较为严格的问卷防偏措施，尽可能地降低共同方法偏差所产生的影响。

（4）在介绍结构方程模型类型的基础上，确定采用 PLS-SEM 方法作为下一步进行实证检验分析的统计工具。

第6章 实证分析结果

6.1 共同方法偏差检验

尽管作者在问卷设计程序和数据收集方向采取了较为严格的防偏措施，但仍有可能存在共同方法偏差问题。为了检验该问题是否严重，本书采取以下两种方法进行检验。第一，采取经典的 Harman 单因子检验[287]。即将所有潜变量放入 SPSS 23.0 进行未做旋转的因子分析，观测第一个析出的主成分是否低于 50%。结果显示，第一个主成分解释占 22.68%，远低于 50%。因此 Harman 因子测试通过，表明本书的共同方法偏差问题在可接受的范围之内。第二，通过该检验各个潜变量的相关系数来判断是否存在严重的共同方法偏差问题。如果各个潜变量的相关系数的绝对值超过 0.9，便认为共同方法偏差问题较为严重；若各个潜变量相关系数的绝对值低于 0.9，则说明共同方法偏差问题可以接受[288]。本书中各个潜变量相关系数的绝对值均低于 0.8，这说明数据的质量较优，可以开展下一步的分析。

6.2 二阶因子测量结果

本书研究模型涉及三个二阶变量，即感知风险、与供方之间互动有效性感知和与其他消费者之间互动有效性感知，在进行测量模型分析之前有必要分别对这些二阶变量因子及其与各自的一阶变量之间的关系进行测量。对二阶因子的测量有多种方法，最常用的方法有两种：第一种是分层成分模型测量方法[289]，即直接采用所有一阶因子的测量指标对二阶变量进行测量，其前提条件是所有一阶因子的测量指标数目相同；第二种是建立二阶变量与一阶变量之间的关系路径系模型[290]，首先，汇总所有一阶因子测量指标值之和，以此作为二阶变量的测量指标分数，然后，测量各个一阶变量与该二阶变量之间的关系强度。

　　基于此，本书模型中感知风险二阶变量的测量可采用第一种方法，因其一阶变量的测量指标均为三个，而与供方之间互动有效性感知和与其他消费者之间互动有效性感知可采用第二种方法。

6.2.1 感知风险二阶因子测量

　　根据 Chin（1998）[291]和 Diamantopoulos 等（2001）[292]的方法，对感知风险二阶因子模型进行检验。首先，对感知风险四个维度之间的相关系数进行检验，检验结果发现人身安全风险、隐私风险、时间风险和财务风险四个一阶变量之间的相关系数在 0.018～0.774 之间，这表明感知风险是能代表四个风险维度的形成性二阶变量，因为反映性二阶变量与一阶因子之间的相关系数值一般要大于 0.8[293]。

　　接着，对感知风险与四个一阶风险维度之间的路径关系强度进行检验，检验结果表明，除时间风险外，其余三个风险一阶维度与感知风险之间的路径系数均显著，如图 6.1 所示。随后，对四个一阶因子的方差膨胀因子（VIF）进行测量，以判定是否存在多重共线性。Diamantopoulos 和 Winklhofer（2001）[292]研究指出，如果 VIF 值大于 10，则说明存在较严重的多重共线性问题，进而影响形成性变量的测量有效性。测量结果表明，这四个一阶因子的 VIF 值范围在 1.6~3.7 之间，远低于 10。因此，本书中四个感知风险一阶变量不存在共线性问题。

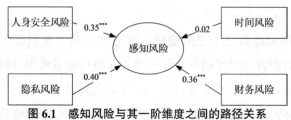

图 6.1　感知风险与其一阶维度之间的路径关系

　　注：*** 表示 $p<0.001$，** 表示 $p<0.01$，* 表示 $p<0.05$。

根据 Mathieson 等（2001）[294] 的研究，形成性二阶变量可包含路径系数不显著的一阶变量指标，尤其是在没有多重共线性问题的情况下。也有学者认为，形成性二阶变量所包含的一阶变量彼此之间存在差异且不可互换，建议保留与二阶变量之间路径系数不显著的一阶变量[295]。进一步，Luo 等（2010）[197] 指出，删除路径系数不显著的一阶变量指标会影响该二阶变量的内容效度。因此，为确保在共享经济下消费者感知风险的内容效度，本书在后续数据分析中保留了感知风险的四个维度，包括与二阶变量之间路径关系不显著的时间风险维度。

6.2.2 社会互动二阶因子测量

采用前述的第二种方法以及与检验感知风险二阶因子模型相同的检验程序，对社会互动二阶因子模型分别进行检验。首先，对与供方之间互动有效性感知两个一阶变量（自我披露可信度感知和面对面互动互惠性感知）之间相关性进行检验，检验结果表明，两个一阶变量之间的相关系数为 0.70，这表明与供方之间互动有效性感知是能代表两个维度的形成性二阶变量。接着，对两个一阶变量与二阶变量之间的关系强度进行检验，检验结果表明，与供方之间互动有效性感知与自我披露可信度感知和面对面互动互惠性感知之间的路径系数均显著，如图 6.2 所示。并且，二阶因子的 VIF 值在 1~4.5 之间，因此，本书中与供方之间互动有效性感知的两个一阶变量不存在共线性问题。

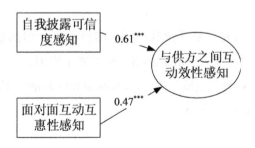

图 6.2　与供方之间互动有效性感知与其一阶维度之间的路径关系

同理，对与其他消费者之间互动有效性感知两个一阶变量（在线评论有效性感知和友好互信关系感知）之间相关性进行检验，检验结果表明，两个一阶变量之间的相关系数为 0.13，这表明与其他消费者之间互动有效性感知是能代表两个维度的形成性二阶变量。接着，对两个一阶变量与二阶变量之间的关系强度进行检验，检验结果表明，与其他消费者之间互动有效性感知与在线评论有效性感知和友好互信关系感知之间的路径系数均显著，如图 6.3 所示。并且，二阶因子的 VIF 值在 1~3 之间，因此，本书中与其他消费者之间互动有效性感知的两个一阶变量不存在共线性问题。

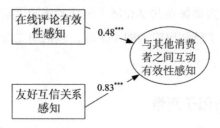

图6.3 与其他消费者之间互动有效性感知与其一阶维度之间的路径关系

6.3 测量模型分析结果

6.3.1 信度分析

测量模型分析旨在衡量本书中各个潜变量是否都得到了可靠和恰当的测度，以便为后续结构模型分析奠定基础。本书中模型的所有一阶变量均为反应型变量。对反应型变量的测量模型分析主要包括信度分析和效度分析（聚合效度和区分效度）。

分析测量模型首先需要评价其内部一致性信度，即测量某一构念的每组测量指标的信度。本书采用 SmartPLS 3.0 对测量模型进行分析，评价指标主要包括 Cronbach α 系数和组成信度（composite relliability，CR）系数。本书中各个变量的信度分析结果参见表 6.1。

表 6.1 信度分析结果

变量	题项数	Cronbach α系数	组成信度系数
ARM	3 项	0.774	0.869
CSI	4 项	0.857	0.903
DS	3 项	0.906	0.934
FACE	3 项	0.907	0.939
FED	3 项	0.914	0.946
FR	3 项	0.837	0.902
GM	3 项	0.838	0.903
IM	3 项	0.976	0.984
OR	3 项	0.875	0.920
PEOR	5 项	0.905	0.929
PR	3 项	0.864	0.916
PRM	2 项	0.814	0.915
SD	4 项	0.938	0.954
SR	3 项	0.836	0.901
TR	3 项	0.852	0.906
TRUST	3 项	0.846	0.907

信度分析指标标准值方面，Cronbach α系数的最低值应为 0.70[296]，而组成信度系数的最低标准值也是 0.70[286]。由表 6.1 分析结果可知，本书中各个潜变量的 Cronbach α 系数值和 CR 系数值都大于 0.70 的最低标准。因此，本书各个变量所使用的测量量表具有良好的信度。

6.3.2 效度分析

分析测量模型还需要对其效度进行检验。效度检验是指测量同一构念的不同测量指标之间的相关程度。效度检验主要有两种方式：收敛效度和区别效度。

1. 收敛效度

评价收敛效度有两种方法。一种是考察每个测量指标在其相应潜变量上的标准化因子负荷系数。只有当每个测量指标的标准化因子负荷值大于或等于0.70时，才说明具有可接受的收敛效度[285]。另一种是评估每个潜变量的AVE值，看它是否达到了0.50的最低标准值要求[297]。

从表6.2的分析结果可知，本书中各个潜变量测量指标的标准化因子负荷值位于0.73~0.95之间，均高于0.70的最低负荷值标准，这表明各个测量指标与其潜变量之间的共同方差均大于各个测量指标与误差方差之间的共同方差[298]。并且，各个潜变量的AVE值位于0.69~0.95之间，均超过了0.50的最低标准值。因此，可以判定本书中的所有构念均具有良好的收敛效度。

表6.2 收敛效度分析结果

潜变量	测量指标	标准化因子负荷	T值	AVE
ARM	ARM1	0.80	23.46	
	ARM2	0.84	36.75	0.69
	ARM3	0.85	39.76	
CSI	CSI1	0.84	44.79	
	CSI2	0.85	41.83	0.70
	CSI3	0.83	30.28	
	CSI4	0.83	33.64	
PEOR	PEOR1	0.80	23.58	
	PEOR2	0.86	47.30	
	PEOR3	0.86	48.00	0.73
	PEOR4	0.89	78.55	
	PEOR5	0.85	44.11	
PRM	PRM1	0.92	86.47	0.84
	PRM2	0.92	90.05	
DS	DS1	0.95	5.83	
	DS2	0.89	4.86	0.83
	DS3	0.88	4.77	
FACE	FACE1	0.94	4.48	
	FACE2	0.93	4.38	0.84
	FACE3	0.87	3.76	

续表

潜变量	测量指标	标准化因子负荷	T 值	AVE
FED	FED1	0.93	9.04	
	FED2	0.94	8.03	0.85
	FED3	0.90	7.36	
FR	FR1	0.85	31.62	
	FR2	0.90	64.53	0.76
	FR3	0.85	46.99	
GM	GM1	0.86	43.07	
	GM2	0.87	45.60	0.76
	GM3	0.88	52.01	
IM	IM1	0.99	6.94	
	IM2	0.98	6.38	0.95
	IM3	0.97	6.77	
OR	OR1	0.91	4.57	
	OR2	0.86	4.01	0.79
	OR3	0.90	4.37	
SD	SD1	0.90	7.06	
	SD2	0.95	6.52	0.84
	SD3	0.92	6.17	
	SD4	0.90	6.39	
SR	SR1	0.81	27.37	
	SR2	0.91	79.17	0.75
	SR3	0.89	46.18	
TR	TR1	0.73	4.22	
	TR2	0.93	7.34	0.77
	TR3	0.95	6.94	
TRUST	TRUST1	0.86	41.55	
	TRUST2	0.88	53.32	0.77
	TRUST3	0.88	53.97	

2. 区别效度

测量模型分析还需要评价其区别效度，即某一特定构念与其他构念在特质方面的差异程度[298]。具体而言，评判区别效度可以通过考察每个潜变量的AVE 值的平方根，看它是否大于各个潜变量之间相关系数的绝对值[297]。从表6.3 中可以看出，本书各个潜变量之间相关系数的绝对值处于 0.01~0.77 之间，而各个潜变量 AVE 值的平方根处于 0.83～0.98 之间，因此，各个潜变量 AVE 值的平方根均大于各个潜变量之间相关系数的绝对值。上述 AVE 值与相关系数的比较结果表明，本书中所有潜变量之间的区别效度良好。

3. 交叉负荷量分析

Chin（1998）[286]指出，每一测量指标在其对应潜变量中的负荷量要大于该测量指标在其他所有潜变量中的负荷量。数据检验结果表明，本书各个测量指标的交叉负荷均满足标准，详情参见表6.3、6.4。

表 6.3　区别效度分析结果

变量	ARM	CSI	DS	FACE	FED	FR	GM	IM	OR	PEOR	PR	PRM	SD	SR	TR	TRUST
ARM	0.83															
CSI	0.41	0.84														
DS	0.02	-0.05	0.91													
FACE	-0.14	-0.01	0.48	0.92												
FED	0.02	0.07	-0.70	-0.46	0.92											
FR	-0.58	-0.41	-0.04	0.06	0.01	0.87										
GM	0.29	0.48	0.07	-0.02	-0.05	-0.35	0.87									
IM	0.03	0.09	-0.05	-0.03	-0.01	-0.10	-0.10	0.98								
OR	-0.02	0.07	0.18	0.33	-0.19	-0.04	0.03	-0.01	0.89							
PEOR	0.32	0.45	0.04	0.00	0.00	-0.27	0.50	0.05	0.12	0.85						
PR	-0.68	-0.39	-0.05	0.02	0.01	0.77	-0.39	-0.06	0.00	-0.38	0.89					
PRM	0.40	0.57	-0.01	-0.03	0.04	-0.43	0.48	0.09	-0.03	0.45	-0.51	0.92				
SD	-0.08	-0.04	0.54	0.71	-0.52	0.02	0.05	0.00	0.28	0.02	-0.02	-0.04	0.92			
SR	-0.67	-0.37	0.03	0.11	-0.06	0.62	-0.27	-0.07	-0.05	-0.32	0.72	-0.42	0.05	0.87		
TR	-0.11	-0.24	0.24	-0.36	0.04	-0.06	-0.06	0.01	-0.63	-0.08	0.03	-0.03	-0.33	0.03	0.87	
TRUST	0.42	0.79	-0.05	-0.06	0.09	-0.48	0.55	0.03	0.05	0.49	-0.49	0.67	-0.06	-0.43	-0.09	0.87

注：对角线上的数字是 AVE 值的平方根，对角线左下角的数字是各个变量间的相关系数。

表6.4 交叉负荷量分析结果

变量	1	2	3	4	5	6	7	8	9	10	11	12	13	14	15	16
ARM1	0.80	0.28	0.07	-0.10	-0.04	-0.51	0.25	0.06	0.04	0.19	-0.56	0.29	-0.03	-0.52	0.04	0.32
ARM2	0.84	0.35	0.01	-0.13	0.04	-0.43	0.24	-0.03	-0.03	0.36	-0.53	0.33	-0.07	-0.54	0.04	0.37
ARM3	0.85	0.40	-0.02	-0.11	0.03	-0.51	0.24	0.06	-0.06	0.24	-0.60	0.37	-0.09	-0.60	0.04	0.36
CSI1	0.34	0.84	-0.01	0.03	0.02	-0.39	0.47	0.04	0.06	0.35	-0.36	0.50	-0.05	-0.30	-0.07	0.67
CSI2	0.32	0.85	-0.07	-0.02	0.09	-0.38	0.36	0.09	0.12	0.38	-0.35	0.48	-0.02	-0.32	-0.14	0.66
CSI3	0.34	0.83	-0.06	-0.01	0.09	-0.28	0.40	0.09	0.00	0.40	-0.31	0.46	-0.06	-0.33	-0.08	0.66
CSI4	0.38	0.83	-0.01	-0.02	0.04	-0.31	0.37	0.09	0.05	0.38	-0.28	0.45	-0.01	-0.28	-0.06	0.64
DS1	0.02	-0.05	0.95	0.48	-0.64	-0.02	0.04	-0.06	0.18	0.02	-0.03	-0.02	0.52	0.04	-0.24	-0.06
DS2	0.01	-0.04	0.89	0.44	-0.65	-0.06	0.10	-0.06	0.17	0.06	-0.05	0.00	0.50	0.00	-0.21	-0.03
DS3	0.04	-0.03	0.88	0.36	-0.66	-0.05	0.08	0.01	0.14	0.05	-0.08	0.03	0.43	0.01	-0.21	-0.02
FACE1	-0.13	-0.03	0.48	0.94	-0.43	0.04	-0.05	-0.03	0.29	-0.02	0.03	-0.02	0.66	0.12	-0.32	-0.06
FACE2	-0.12	-0.01	0.43	0.93	-0.44	0.05	0.00	-0.05	0.31	-0.01	0.01	-0.05	0.68	0.09	-0.34	-0.05
FACE3	-0.12	0.05	0.40	0.87	-0.41	0.08	-0.01	0.02	0.31	0.06	0.02	0.02	0.59	0.09	-0.34	-0.03
FED1	0.05	0.07	-0.60	-0.44	0.93	0.01	-0.03	-0.02	-0.18	0.03	-0.01	0.03	-0.48	-0.07	0.23	0.09
FED2	-0.03	0.08	-0.65	-0.40	0.94	0.03	-0.08	0.00	-0.17	-0.01	0.06	0.04	-0.46	-0.02	0.22	0.09
FED3	0.03	0.06	-0.70	-0.46	0.90	-0.02	-0.02	0.00	-0.16	-0.02	-0.01	0.04	-0.53	-0.07	0.23	0.08
FR1	-0.50	-0.33	-0.06	-0.03	0.05	0.85	-0.29	-0.17	-0.06	-0.22	0.65	-0.35	-0.04	0.50	0.08	-0.38

续表

变量	1	2	3	4	5	6	7	8	9	10	11	12	13	14	15	16
FR2	-0.51	-0.35	-0.01	0.09	-0.03	0.90	-0.34	-0.08	0.02	-0.23	0.67	-0.39	0.05	0.54	-0.04	-0.45
FR3	-0.49	-0.38	-0.03	0.08	0.01	0.85	-0.28	-0.03	-0.06	-0.25	0.69	-0.38	0.02	0.58	0.05	-0.42
GM1	0.28	0.44	0.04	-0.02	-0.03	-0.34	0.86	-0.05	0.03	0.43	-0.31	0.41	-0.01	-0.24	-0.03	0.49
GM2	0.22	0.39	0.05	-0.03	-0.01	-0.29	0.87	-0.09	0.05	0.46	-0.36	0.45	0.06	-0.23	-0.08	0.49
GM3	0.26	0.41	0.09	-0.01	-0.09	-0.29	0.88	-0.14	0.00	0.42	-0.35	0.37	0.08	-0.22	-0.04	0.46
IM1	0.04	0.09	-0.05	-0.03	-0.01	-0.10	-0.09	0.99	-0.01	0.06	-0.07	0.09	0.01	-0.07	-0.01	0.04
IM2	0.03	0.09	-0.05	-0.02	-0.01	-0.10	-0.12	0.98	-0.01	0.05	-0.06	0.08	0.01	-0.06	0.01	0.03
IM3	0.03	0.08	-0.06	-0.04	0.01	-0.10	-0.09	0.97	-0.02	0.03	-0.03	0.09	-0.01	-0.08	0.02	0.03
OR1	0.01	0.04	0.22	0.33	-0.20	-0.08	0.05	0.00	0.91	0.12	-0.02	-0.02	0.29	-0.06	-0.59	0.05
OR2	-0.05	0.05	0.10	0.22	-0.11	-0.02	0.00	0.01	0.86	0.03	0.04	-0.06	0.22	-0.04	-0.55	0.02
OR3	-0.03	0.09	0.14	0.30	-0.16	0.00	0.02	-0.03	0.90	0.12	0.01	-0.01	0.24	-0.02	-0.55	0.05
PEOR1	0.21	0.33	-0.04	0.02	0.01	-0.20	0.38	0.08	0.09	0.80	-0.29	0.34	0.02	-0.25	-0.09	0.33
PEOR2	0.28	0.36	0.03	-0.06	0.01	-0.23	0.41	0.05	0.07	0.86	-0.32	0.39	0.00	-0.26	-0.01	0.41
PEOR3	0.30	0.39	0.11	0.06	-0.06	-0.24	0.47	0.01	0.10	0.86	-0.34	0.37	0.05	-0.27	-0.09	0.42
PEOR4	0.29	0.42	0.06	0.05	-0.02	-0.24	0.45	0.04	0.11	0.89	-0.33	0.44	0.04	-0.26	-0.10	0.49
PEOR5	0.29	0.41	-0.03	-0.07	0.07	-0.25	0.42	0.05	0.12	0.85	-0.35	0.36	-0.01	-0.34	-0.06	0.42
PR1	-0.62	-0.34	-0.07	0.03	0.00	0.69	-0.36	-0.01	0.05	-0.30	0.90	-0.47	0.00	0.63	-0.01	-0.44
PR2	-0.58	-0.28	-0.08	0.01	0.04	0.69	-0.31	-0.02	-0.01	-0.31	0.87	-0.40	-0.02	0.62	0.03	-0.37

续表

变量	1	2	3	4	5	6	7	8	9	10	11	12	13	14	15	16
PR3	-0.60	-0.39	0.01	0.02	0.00	0.68	-0.37	-0.11	-0.03	-0.39	0.89	-0.49	-0.02	0.67	0.06	-0.48
PRM1	0.36	0.53	-0.01	-0.01	0.02	-0.39	0.41	0.09	-0.05	0.41	-0.45	0.92	-0.03	-0.35	0.00	0.61
PRM2	0.37	0.51	0.00	-0.04	0.05	-0.40	0.46	0.07	0.00	0.41	-0.50	0.92	-0.04	-0.42	-0.05	0.62
SD1	-0.05	-0.04	0.52	0.66	-0.49	0.03	0.05	0.01	0.29	-0.01	0.01	-0.05	0.90	0.03	-0.33	-0.04
SD2	-0.08	-0.03	0.48	0.68	-0.47	0.03	0.05	0.00	0.26	0.03	-0.01	-0.06	0.95	0.05	-0.31	-0.07
SD3	-0.09	-0.01	0.52	0.67	-0.49	0.04	0.07	0.00	0.24	0.03	0.01	0.00	0.92	0.07	-0.30	-0.05
SD4	-0.06	-0.06	0.48	0.60	-0.48	-0.03	0.02	0.00	0.26	0.02	-0.05	-0.03	0.90	0.05	-0.30	-0.06
SR1	-0.54	-0.27	0.01	0.03	0.00	0.50	-0.28	-0.09	-0.07	-0.28	0.57	-0.31	-0.01	0.81	0.02	-0.33
SR2	-0.60	-0.35	0.04	0.14	-0.08	0.59	-0.21	-0.03	-0.03	-0.27	0.66	-0.39	0.09	0.91	0.02	-0.42
SR3	-0.60	-0.34	0.02	0.10	-0.05	0.53	-0.22	-0.06	-0.02	-0.30	0.66	-0.39	0.04	0.89	0.03	-0.37
TR1	0.04	-0.05	-0.14	-0.30	0.18	0.00	-0.06	0.00	-0.49	-0.15	0.00	-0.04	-0.32	-0.02	0.73	-0.05
TR2	0.06	-0.07	-0.22	-0.36	0.23	0.02	-0.05	0.00	-0.58	-0.05	0.03	0.01	-0.30	0.00	0.93	-0.06
TR3	0.03	-0.13	-0.25	-0.31	0.23	0.05	-0.05	0.01	-0.59	-0.06	0.04	-0.05	-0.29	0.06	0.95	-0.11
TRUST1	0.38	0.62	-0.10	-0.05	0.13	-0.43	0.49	0.01	0.05	0.40	-0.42	0.53	-0.08	-0.38	-0.08	0.86
TRUST2	0.35	0.71	-0.04	-0.07	0.06	-0.39	0.47	0.08	0.01	0.45	-0.43	0.63	-0.04	-0.38	-0.06	0.88
TRUST3	0.38	0.74	0.00	-0.03	0.06	-0.44	0.49	0.00	0.06	0.44	-0.43	0.60	-0.05	-0.38	-0.10	0.88

6.4　结构模型分析结果

在第 4 章，本书构建了消费者信任的因果关系模型，并提出相应的研究假设。该模型表明，消费者对平台的信任受到制度机制因素和社会互动因素的影响，同时又会影响感知风险和持续共享意愿。这一因果关系构成本书模型的主效应。而主效应体现出来的性别差异构成本书模型的调节效应。本书将使用 PLS-SEM 方法对主效应和调节效应分别进行分析。

6.4.1 主效应检验及假设验证

1. 全样本主效应检验参数

本书使用 SmartPLS 3.0 统计软件对消费者信任主效应各个结构变量之间的路径关系进行估计，分析结果如图 6.4 所示。

本书首先报告主效应各个内生潜变量的 R^2 值及路径关系系数。内生潜变量的 R^2 值反映了研究模型的解释力，即模型所解释的构念的方差大小[286]。由图 6.4 可知，在本书的模型中，消费者信任、感知风险和持续共享意愿的 R^2 值分别为 0.56、0.28 和 0.62，都超过了由 Falk 和 Miller（1992）[299] 推荐的 10% 基准。在营销研究中，当各个内生潜变量的 R^2 值分别为 0.67、0.33 和 0.19 时，依照经验法则分别表示模型解释力可观、适度和欠缺水准[286]。因此，主效应模型中的潜变量都至少得到了适度的解释，说明模型具有较好的解释力。

接着，分析结构模型中各个潜变量之间的路径关系系数及其显著性。根据 Brown 和 Chin（2004）[300] 的建议，本书通过 Bootstrap 再抽样方法（N=500），计算得出各个假设的标准化路径系数、T 值以及各个控制变量对持续共享意愿的影响系数，参见图 6.4。从各个假设的路径显著性来看，假设 H2、H3、H5、H8、H9、H10 获得支持，而假设 H1、H4、H6、H7、H11 未获得支持。控制变量中除使用频率对持续共享意愿的影响路径显著外，其余均不显著。

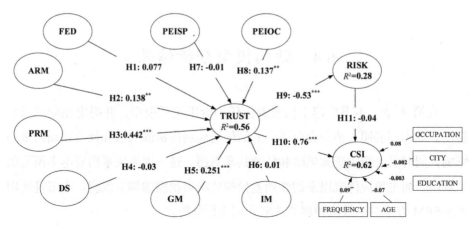

图 6.4　内生潜变量 R^2 及路径系数

注：*** 表示 $p<0.001$，** 表示 $p<0.01$，* 表示 $p<0.05$。

然后，本书进一步分析各个潜变量之间的路径效应规模。路径效应规模 f^2 是评价研究模型解释力的一个重要指标，其计算公式为：$f^2 = (R_{included}^2 - R_{excluded}^2)/(1 - R_{included}^2)$，其中 f^2 是指效应规模，$R_{included}^2$ 表示包含某一潜变量产生的潜因变量 R^2 值，$R_{excluded}^2$ 是指排除这一潜自变量之外由其他潜变量产生的潜因变量 R^2 值。根据Cohen（1988）的观点，当 $0.02<f^2 \leq 0.15$ 时，表示路径效应较弱，当 $0.15<f^2 \leq 0.35$ 时，表示路径效应中等，当 $f^2 >0.35$ 时，表示路径效应较强。

根据前述公式，本书计算出从潜自变量到潜因变量之间每条路径的效应规模，详情参见图 6.5。由图 6.5 可知，制度机制有效性感知维度中，审核与认证机制有效性感知、隐私保证机制有效性感知和政府监管有效性感知对消费者信任的影响强度系数处于 0.02～0.35 之间，超过了 0.02 的下限，其中，隐私保证机制有效性感知对消费者信任的影响强度系数为 0.298，属于中等效应；社会互动因素中，与其他消费者之间互动有效性感知对消费者信任的影响强度为 0.05，而与服务提供方之间互动有效性感知对消费者信任的影响强度趋于 0。消费者信任对感知风险和持续共享意愿的影响强度均很强，强度系数分别为 0.385 和 1.12，而感知风险对持续共享意愿的影响很弱。通过上述路径效应规模系数检验，进一步验证了本书的路径系数显著性检验结果。

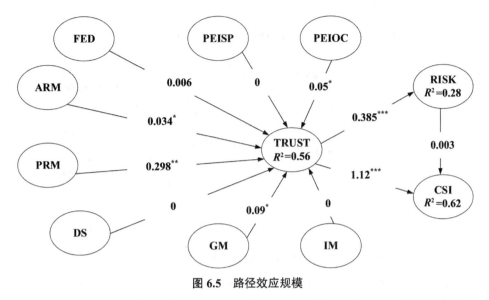

图 6.5 路径效应规模

注：路径上的数字表示 f^2 值；* 表示影响较小，** 表示影响中等，*** 表示影响很强。

最后，本书对主效应模型的预测力进行分析。学界认为，即使研究模型服从显著的 Bootstrap 程序，但也可能在预测度上缺乏效力，因此必须对关键内生变量的预测效度进行检验[301]。在实证研究中，检验模型预测力的主要方法是交互验证方法[302]。在 PLS-SEM 中，可计算 Q^2 值和 q^2 值来检验模型的预测力。$Q^2 = 1 - (\sum_D SSE_D)/(\sum_D SSO_D)$，其中 SSE 表示预测误差的平方和，SSO 表示观测值的平方和，D 代表步长。如果 $Q^2 > 0$，则表示模型中的变量具有预测力；如果 $Q^2 < 0$，则表示模型中的变量缺乏预测力。相应地，也可采用 q^2 来评价模型预测力的相对影响。$q^2 = (Q^2_{included} - Q^2_{excluded})/(1 - Q^2_{included})$。根据 Chin（1998）[286]的研究，当 $0.02 < q^2 \leqslant 0.15$ 时，表示对潜变量的预测力较弱，当 $0.15 < q^2 \leqslant 0.35$ 时，表示对潜变量的预测力中等，当 $q^2 > 0.35$ 时，表示对潜变量的预测力较强。在 PLS-SEM 中，与之匹配测量 Q^2 值和 q^2 值的方法是 Blindfolding 方法。借助 SmartPLS 3.0 软件，本书计算出了 Q^2 值和 q^2 值，如图 6.6 所示。

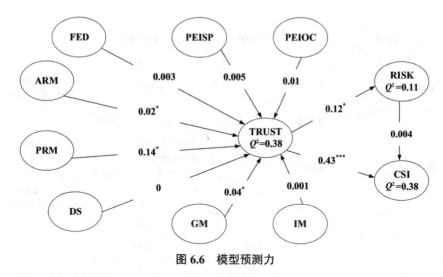

图 6.6 模型预测力

注：路径上的数字表示 q^2 值；* 表示对潜变量预测影响较小，*** 表示对潜变量预测影响很强。

由图 6.6 可知，三个潜变量消费者信任、感知风险和持续共享意愿的 Q^2 值分别为 0.38、0.11 和 0.38，都大于 0，说明本书建构的研究模型具有较好的预测力。通过考察潜变量预测力的强度系数 q^2 值发现，制度机制、社会互动与消费者信任之间的路径中，审核与认证机制有效性感知、隐私保证机制有效性感知和政府监管有效性感知三条路径的预测力强度系数 q^2 达到 0.02 最低要求外，其余均未达到要求，说明影响强度较弱。消费者信任与感知风险、持续共享意愿两条路径之间的 q^2 值分别为 0.12 和 0.43，影响强度尚可。

2. 全样本假设检验的结果分析

本书采用 PLS-SEM 统计分析方法对消费者信任主效应各个结构变量之间的路径关系进行了估计，并对各个潜变量之间的路径效应规模、模型的预测力进行了验证。本书据此将主效应模型中的研究假设、路径关系系数、T 值及假设检验结果汇总如下，参见表 6.5。实证数据显示，制度机制有效性感知维度中，审核与认证机制、隐私保证机制和政府监管对消费者信任的正向影响得到支持，其中隐私保证机制的影响系数（β=0.442，$p<0.001$）最大，而反馈机制、争议解决机制及行业自律监管机制未得到样本数据支持。社会互动有效性感知方面，与其他消费者之间的互动对消费者信任的正向影响得

到支持（β=0.137，p<0.01），而与供方之间的互动对消费者信任无显著正向影响。消费者信任的影响结果方面，对持续共享意愿的正向影响（β=0.759，p<0.001）和对感知风险的负向影响（β=−0.53，p<0.001）均得到支持。令人意外的是，感知风险对持续共享意愿的负向影响较弱。关于主效应中未能得到支持的假设，以下将分别予以详细的讨论。

表6.5　全样本主效应假设检验结果

假设编号	假设内容	路径系数	T值	检验结果
H1	反馈机制有效性感知正向影响消费者信任	0.077	1.49	拒绝
H2	审核与认证机制有效性感知正向影响消费者信任	0.138**	3.3	接受
H3	隐私保证机制有效性感知正向影响消费者信任	0.442***	10.4	接受
H4	争议解决机制有效性感知正向影响消费者信任	−0.03	−0.46	拒绝
H5	政府监管有效性感知正向影响消费者信任	0.251***	4.89	接受
H6	行业自律监管有效性感知正向影响消费者信任	0.01	0.26	拒绝
H7	与供方之间互动有效性感知正向影响消费者信任	−0.01	−0.1	拒绝
H8	与其他消费者之间互动有效性感知正向影响消费者信任	0.137**	3.2	接受
H9	消费者信任负向影响感知风险	−0.53***	−11.4	接受
H10	消费者信任正向影响持续共享意愿	0.759***	21.45	接受
H11	感知风险负向影响持续共享意愿	−0.04	−1.02	拒绝

6.4.2 中介效应检验

本书构建的研究模型中内含以下两个中介假设。一是消费者信任在制度机制有效性感知及社会互动有效性感知与持续共享意愿之间具有中介作用。二是感知风险在消费者信任与持续共享意愿之间具有中介作用。根据前述主效应检验结果，对消费者信任具有直接正向影响的因素只包括审核与认证机制、隐私保证机制、政府监管和与其他消费者之间的互动，因此，第一个中介效应的检验只需检验消费者信任在这四个自变量与因变量（持续共享意愿）之间的中介作用。

参考 Baron 和 Kenny（1986）[303] 的建议，本书进一步检验这两个中介效应，详情参见表 6.6。首先，检验第一个中介效应，在 PLS-SEM 中构建一个简单的直接路径模型，该模型将消费者信任变量排除在外，只包括审核与认证机制有效性感知、隐私保证机制有效性感知、政府监管有效性感知、与其他消费者之间互动有效性感知与持续共享意愿这五个潜变量。数据检验结果表明，审核与认证机制有效性感知、隐私保证机制有效性感知、政府监管有效性感知以及与其他消费者之间互动有效性感知与持续共享意愿之间的路径系数都较大，且都达到显著水平。其次，在上述简单模型中，添加消费者信任作为中介变量构成扩展模型，并进行统计检验。结果发现隐私保证机制有效性感知、政府监管有效性感知、与其他消费者之间互动有效性感知与持续共享意愿之间的路径系数都变得不显著了，而审核与认证机制有效性感知与持续共享意愿之间的关系仍然显著，只是显著系数大幅降低。

随后，我们对上述两个模型中结果变量即持续共享意愿的可解释方差 R^2 值进行比较分析，发现在添加消费者信任中介变量后的扩展模型中持续共享意愿的可解释方差 R^2 值由简单模型中的 0.43 增加至 0.64。上述统计检验结果清晰地表明，消费者信任确实在本书概念模型中具有中介作用，在隐私保证机制有效性感知、政府监管有效性感知、与其他消费者之间互动有效性感知与持续共享意愿之间是完全中介变量，在审核与认证机制有效性感知与持续共享意愿之间发挥部分中介作用。按照同样的检验程序对感知风险的中介作用进行检验后发现，在加入感知风险变量后，消费者信任与持续共享意愿之间的路径系数仍然较为显著，且可解释方差 R^2 值并未增加。可见，感知风险在消费者信任与持续共享意愿之间仅起着部分中介作用。

表 6.6　中介效应检验结果

模型类别	自变量	因变量	路径系数	T值	R^2
无中介变量模型	审核与认证机制有效性感知	持续共享意愿	0.18^{***}	3.99	0.43
	隐私保证机制有效性感知		0.35^{***}	6.0	
	政府监管有效性感知		0.20^{**}	3.3	
	与其他消费者之间互动有效性感知		0.15^{**}	3.0	
有中介变量（消费者信任）模型	审核与认证机制有效性感知	持续共享意愿	0.09^{*}	2.2	0.64
	隐私保证机制有效性感知		0.04	0.68	
	政府监管有效性感知		0.03	0.66	
	与其他消费者之间互动有效性感知		0.07	1.71	
无中介变量模型	消费者信任	持续共享意愿	0.79^{***}	28.8	0.62
有中介变量（感知风险）模型	消费者信任	持续共享意愿	0.77^{***}	23.9	0.62

上述中介效应结果充分表明，消费者信任是影响持续共享意愿最为直接、最为重要的因素，是影响消费者加入并持续使用共享平台的核心要素。这进一步反映出消费者形成对共享平台的信任才是共享经济持续发展的关键。

6.4.3 调节效应检验

本书将性别作为调节变量。为了比较两个性别（男性与女性）子样本的研究模型分析结果，本书采用 SmartPLS 3.0 的多群组分析（multi-group analysis，MGA）来比较两个子样本相应路径系数的差异。多群组分析是基于成分的结构方程模型分析，它可用于比较不同自然群体（例如不同性别的消费者）之间的差异[304]。参考以往研究[305]，本书基于参数假设，采用结构方程中路径的标准误差以及并合标准误差（pooled standard error），对子样本群组的路径系数进行 t 检验，以比较不同群组（本书中的男性消费者群体和女性消费者群体）在相应路径上的显著差异。具体计算公式如下。

$$S_{pooled} = sqrt\{[(N_1-1)/(N_1+N_2-2)] \times SE_1^2 + [(N_2-1)/(N_1+N_2-2)] \times SE_2^2\}$$

$$t_{spooled} = (PC_1 - PC_2)/[S_{pooled} \times sqrt(1/N_1 + 1/N_2)]$$

其中：S_{pooled} 指方差的并合估计，$t_{spooled}$ 指自由度为（$N_1 + N_2 - 2$）的t检验值；N_i 指性别 i 数据样本数量；SE_i 表示性别 i 的标准误差；PC_i 表示性别 i 的路径系数。

表 6.7　多群组分析检验结果

路径	男性（N=148）	女性（N=188）	$\Delta\beta$	$t_{spooled}$	检验结果
H12a：制度机制有效性感知→消费者信任	0.67***	0.258	0.412	25.37***	男性>女性
H12a：与供方之间互动有效性感知→消费者信任	0.008	-0.124	0.132	4.43***	男性>女性
H12c：与其他消费者之间互动有效性感知→消费者信任	0.187*	0.355***	0.168	17.5***	女性>男性

本书主要从整体上探察制度机制有效性及社会互动有效性对消费者信任的影响是否存在性别差异，因此，本节不具体分析制度机制各个维度与消费者信任之间的关系，而是将制度机制六个维度组合成一个二阶变量（制度机制有效性感知），与社会互动有效性感知的两个二阶变量（与供方之间互动有效性感知和与其他消费者之间互动有效性感知）共同作为影响消费者信任的前因，构建一个便于多群组分析的简单研究模型。多群组分析结果显示，对于制度机制有效性感知与消费者信任之间的关系而言，男性消费者群组模型中的路径系数显著高于女性群组模型中的（$\Delta\beta$=0.412，$t_{spooled}$=25.37，$p<0.001$），因此，假设 H12a 获得支持。对于与供方之间互动有效性感知与消费者信任之间的关系而言，男性消费者模型中的路径系数和女性消费者模型中的路径系数均不显著，但男性消费者模型中的路径系数为正，而女性消费者模型中的路径系数为负，并且两个群体之间的统计差异显著（$\Delta\beta$=0.132，$t_{spooled}$=4.43，$p<0.001$），因此，假设 H12b 获得支持。对于与其他消费者之间互动有效性感知与消费者信任之间的关系而言，女性消费者群体模型中的路径系数显著高于男性群组模型中的（$\Delta\beta$=0.168，$t_{spooled}$=17.5，$p<0.001$），因此，假设 H12c 获得支持。男性样本的结构方程模型检验结果和女性样本的结构方程模型检验结果分别如图 6.7 和图 6.8 所示。

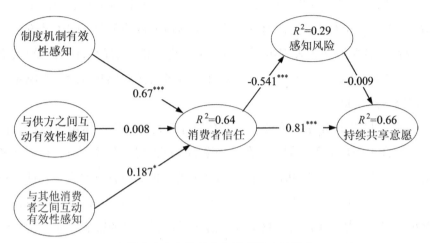

图 6.7　男性消费者的结构方程模型检验结果（N=148）

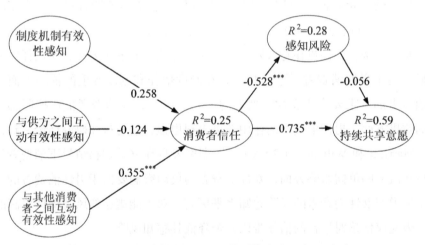

图 6.8　女性消费者的结构方程模型检验结果（N=188）

比较图 6.7 的结构方程模型检验结果和图 6.8 的结构方程模型检验结果会进一步发现，在模型解释力方面，男性消费者结构方程模型中三个潜变量的 R^2 值均高于女性消费者结构方程模型中的（$R^2_{消费者信任-男}$=0.64> $R^2_{消费者信任-女}$=0.25；$R^2_{持续共享意愿-男}$=0.66> $R^2_{持续共享意愿-女}$=0.59；$R^2_{感知风险-男}$=0.29> $R^2_{感知风险-女}$=0.28），因此，男性消费者结构方程模型的解释力明显高于女性消费者结构方程模型的。在消费者信任持续共享意愿的直接作用关系方面，男性消费者比女性消费者表现出更强的作用关系：男性消费者的信任对持续共享意愿的

影响系数为 β=0.81（p<0.001），女性消费者信任对持续共享意愿的影响系数为 β=0.735（p<0.001）。在消费者信任与感知风险的负向影响关系方面，女性消费者比男性消费者表现出更强的效果：男性消费者的信任对感知风险的影响系数为 β=-0.541（p<0.001），女性消费者信任对感知风险的影响系数为 β=-0.528（p<0.001）。

可见，尽管消费者信任对感知风险和持续共享意愿的作用效应在男性样本与女性样本中均显著，但也存在一些影响强度差异。具体而言，在消费者信任对持续共享意愿的影响机制方面，男性消费者的影响强度要大于女性消费者的，这与过往在电子商务情境下的研究结论不一致，例如：Awad 和 Ragowsky（2008）[6]认为，在在线购物情景下信任对购买意愿的影响方面，女性消费者相比男性消费者表现出更强的作用关系。本书认为结论不一致可归结为对消费者信任的界定不同。过往研究中消费者信任主要指消费者对在线卖家的信任，是一种人际信任，而本书中的信任是指对共享平台的信任，是一种制度信任。女性消费者往往更在意人际交往，在人际关系的依赖方面，对信任的需求明显要高于男性消费者[306]。相反，在制度信任和制度环境的依赖方面，男性消费者的需求要高于女性消费者的[270]。因此，在消费者信任抑制感知风险的效果方面，男性消费者的作用效果表现更强，这与过往研究结论一致，例如，Marriott 和 Williams（2018）[307]研究发现在移动购物情景下消费者信任对感知风险的负向影响方面，女性消费者的负向影响要低于男性消费者的。研究结果说明女性消费者的风险感知水平更高，对可能遭遇的风险保持更高的警惕，因此仅依赖对平台的信任难以完全降低其感知风险。

6.4.4 结果讨论与事后分析

1. 主效应结果讨论

通过前述全样本假设检验的结果分析发现，制度机制有效性感知因素中有三种对消费者信任的正向影响不显著，分别是反馈机制有效性感知、争议解决机制有效性感知和行业自律监管有效性感知，以下分别予以详细的讨论。

讨论 1：反馈机制主要用于累积服务提供方过往共享服务交易行为和业绩的评价信息，例如消费者关于平台司机的信任值、评级等。可见，在线评级和评分是反馈机制的重要组成部分。本书中，反馈机制有效性感知是指消费者认为共享平台的评级和评分能够提供关于服务提供方评级和评分信息的准确性和可靠性程度。在线评级和评分已广泛用于电子商务平台，一些大型电商平台均采用评级和评分等反馈机制。基于反馈机制，消费者可根据消费者社区其他消费者分享的信息和经验来获取有关卖方或服务提供方的信誉或口碑，从而做出购买决策。

本书分析结果表明，反馈机制有效性在提高消费者对共享平台的信任方面无实质性促进作用，研究结论与过往研究存在相悖之处[51]，本书认为有以下两个方面的原因。一是共享平台企业现有的反馈机制仍然沿用或模仿传统电商平台的反馈机制（例如在线评级与评分机制、声誉机制等）来评价和累积消费者和服务提供方的信用和声誉，采用的算法在本质上是不透明的，且通常由第三方商业组织进行操作，存在刷单行为、虚假评价、恶意评价等缺陷，这引发消费者对于共享平台数据真实性的质疑。二是共享经济是一种新型商业模式，共享平台作为共享经济的核心载体，在发展初期尚未建立健全具有规模效应的正反馈机制，信息收集、分类与交互缺乏有效性，难以满足消费者的要求。因此，当消费者普遍对该机制反映的信息不太信任时，共享平台企业需要考虑对现有的反馈机制进行拓展和创新。

讨论 2：本书还发现，争议解决机制有效性感知对消费者信任的正向影响不显著。共享平台的争议解决机制旨在解决在共享交易过程中供需双方发生的各种纠纷和争议。争议解决机制有效性感知在本书中是指需方消费者认为共享平台的在线纠纷解决服务能够根据他们期望的方式来处理与服务提供方之间的纠纷或投诉的程度。在理论上而言，在当前政府监管和法定监管机制尚未健全的情况下，平台自我的争议解决机制能解决消费者与服务提供方之间因消费者权益而发生的争议，进而赢得消费者信任和信心，该推论也在过往研究[51]中得到了印证。

然而，本书得出截然相反的结论，主要原因有两个。第一，在共享经济下消费者与共享平台及服务提供方之间存在较为严重的信息不对称现象，使得消费者处于弱势一方。例如，某住宿平台网站显示，业主可以要求租客在办理入住手续前签署合同或租赁协议，但又明确说明该平台无法为合同中任何特殊政策的执行提供帮助，这加剧了行为经济学研究中所述的典型认知偏差，使得消费者对包括争议解决机制在内的平台自有机制能否充分保护消费者权益产生怀疑。一旦与供方之间发生与产品或服务质量相关的争议，在政府监管不力之情形下，消费者尚不完全知悉解决争议的官方求助渠道和追索渠道，进而可能会做出错误决策，这加剧了消费者对共享平台的不信任。第二，近几年在共享经济领域尤其是共享住宿和汽车共享行业，发生了诸多恶性案件和法律纠纷，也引发各种形式的抗议活动，共享平台能否有效解决各种消费者纠纷已成为各大媒体关注的焦点，这无疑降低了消费者对平台争议解决机制的信任。

讨论3：本书同时也发现，单一的行业自律监管对于提高消费者的作用不明显，这与过往研究[254]结论存在相悖之处，但也说明了共享经济行业的特殊性。一方面，由于我国共享经济发展仍处孕育期，行业各项机制仍不完善和不规范，仅靠行业自律还很难构建令人信服的监管环境，还不具备保护消费者权益的能力，另一方面，监管政策的具体实施在很大程度上取决于政府具备的政策能力，尤其对于共享经济等新兴业态更是如此，因此，消费者可能会认为行业自律监管机构普遍缺乏执法权力，一旦出现消费者权益受到侵害现象，行业自律监管机构或行业协会可能没有切实可行的措施强制共享平台企业根据平台企业政策或行业既定准则对消费者予以赔偿。

事实上，共享经济的健康良性发展既需要推进平台的合规化，也需要加强行业自律和标准化体系建设。共享经济在经历了多年发展之后，全面推进标准化体系建设的条件基本具备。一方面，虽然传统的线下业态服务标准已经比较完善，但这些标准很难直接应用到线上平台，亟须制定适应共享经济特点的各项服务标准；另一方面，许多发展较快的领域和龙头企业，在实践过程中积累了大量的经验，其商业和运营模式也趋于成熟，这为制定行业标准和规范提供了坚实的基础。未来，共享出行、共享住宿、共享医疗、共享办公、众创平台等都有望出台行业性服务标准和规范。

讨论4：本书实证结果表明，与其他消费者之间互动有效性感知能显著提升消费者信任，然而与供方之间互动有效性感知对消费者信任的正向影响不显著，这与过往关于供需方之间互动的研究结论存在矛盾。例如，Xu等（2019）[308]以某住宿平台为例研究发现租客与民宿业主之间的互动对于提高租客满意度有重要作用，并指出租客与民宿业主之间的互动是服务主导逻辑和价值共创在共享民宿业内应用的典范。本书得出不同结论，主要归因于以下两个方面。

一是共享平台的类型会影响供需双方之间的自我披露[309]，同时供需双方之间面对面互动的时长和强度会受个体情境因素（例如个人风格、偏好等）的影响[310]，进而影响供需双方之间互动的有效性。过往研究多数是以民宿平台作为调查对象，与供方之间的线下面对面互动更为频繁，共享服务体验的时间更长，进而更能体验到人际关系交往的真实性和面对面互动的互惠性，而本书的对象是出行共享平台用户，相比民宿平台而言，用户与供方（司机）之间的互动较少，服务时间更短，难以感受到与平台司机之间互动的互惠性和有效性。

二是本书的视角和研究对象迥异于过往研究。过往关于民宿共享服务的研究表明，影响供需方之间互动的关键因素是供方的服务态度[308]和消费者的创新性特征[43]，其注重的是真实的互动体验和互动质量，而这些因素又会进一步影响租客的满意度和行为意愿。与过往研究不同的是，本书是从消费者感知角度从自我披露有效性感知和面对面互动互惠性感知两个维度去探讨供需方之间的互动及其对消费者信任的影响，注重的是消费者的主观认知而非真实的互动体验，并且本书研究对象为某出行平台的普通消费者，相比共享民宿消费群体而言，创新性程度较低。

讨论5：感知风险二阶因子验证表明，本书中感知风险四个维度中有三个维度的重要性得到验证，唯独时间风险与感知风险的路径关系较弱，这说明我国共享消费者群体普遍缺乏时间意识，对在共享服务之前或共享服务过程中所耽误的时间及因此而导致的损失还缺少必要的关注。本书实证结果还表明，消费者信任能有效抑制感知风险，这与过往研究结论[9, 10, 311]吻合。然而，感知风险对于持续共享意愿无显著负向影响，这与在电子商务情景下过往多数研究[312-315]结论存在相悖之处，但也有少数研究得出同样的结论，例如：Wong等（2012）[316]以马来西亚消费者为例研究发现感知风险对消费者采纳移动购物的意愿无显著负向影响；Rouibah等（2016）[317]以科威特消费者为例研究证实感知风险对在线付款采纳行为的负向影响不显著。同样，共享经济领域也有类似研究结论[311]。本书认为，在共享经济下，多维度感知风险对持续共享意愿的负向影响不显著，可将之归因为以下方面。

首先，由于我国共享经济发展目前已进入一个拐点，在解决产能过剩行业工人再就业以及贫困地区劳动力就业等方面的作用开始显现，消费者也感知到共享经济带来的巨大便利性和利益。根据理性行为理论和隐私计算理论，消费者会对在共享经济下面临的风险与感知利益进行权衡比较，当发现感知利益远高于隐私风险时，有些消费者仍会"铤而走险"，持续参与共享经济以获取预期利益。

其次，由于部分领域问题的集中性爆发和一些影响重大的恶性事件的出现，加之公众和舆论对共享经济规范发展的诉求更加强烈，政府已将共享经济和共享平台的强监管列为重中之重，监管之严、范围之广前所未有，行政、法律和技术等监管手段多管齐下。例如，为解决在共享经济下存在的用户权益保护与信息安全问题，我国已于 2017 年制定并正式实施《中华人民共和国网络安全法》，对平台企业在加强个人信息保护方面等提出了具体要求和明确规定，且各地政府为监管和规范共享经济发展以及保护消费者权益出台了一系列"组合拳"措施，这进一步增强了消费者对于政府主管部门和共享平台企业贯彻落实消费者权益保护相关政策的信心，有效缓解了消费者因为隐私、安全等问题对持续共享意愿所带来的负面影响。

最后，相比西方发达国家，我国共享经济的发展仍处于较低水平，消费者对于潜在风险的意识较为滞后，但是，一旦消费者自我隐私保护的意识得到提高或遭遇过隐私侵犯的经历，他们会丧失对共享经济平台甚至整个共享经济商业模式的信心，进而拒绝再次参与共享。因此，感知风险对于持续共享意愿的负向影响在未来研究中仍需进一步探索。同时，平台企业也仍需加大信息安全与保护技术方面的投入，以降低消费者对潜在风险的感知和焦虑水平，进而增强持续共享意愿。

2. 中介效应与调节效应结果讨论

本书对研究模型中内置的中介效应进行实证检验后，发现消费者信任在隐私保证机制、政府监管、与其他消费者之间的互动与持续共享意愿之间发挥完全中介作用，在审核与认证机制与持续共享意愿之间发挥部分中介作用。

研究结果说明，消费者极其重视隐私保证机制、审核与认证机制以及政府在共享平台运营过程中所起的监管作用，只有在这些机制能切实有效且能真正发挥其应有效用的情况下，消费者才会建立起对共享平台的信任，在建立信任的基础上再持续参与共享经济。因此，尽管现有共享经济平台大多建立了前述几种机制，但消费者对现有机制的有效性仍存有疑虑，进而持续共享意愿不强。但是，共享平台可通过完善制度机制，同时主动接受政府主管部门的有效监管，提高消费者的信任水平，从而间接增强持续共享意愿。

中介效应检验结果还表明，与其他消费者之间的互动有效性对促进持续共享意愿具有正向作用，并在消费者信任与持续共享意愿之间具有部分中介作用。这一方面说明在线评论有效性感知和友好互信关系感知是提高消费者信任和持续共享意愿的重要因素，另一方面表明消费者注重共享社区成员之间的互动、社区归属以及社会资本的创建。共享经济领域过往研究证实，社区归属感和成员之间的社会互动是消费者选择参与共享的主要动机之一[12, 43, 95, 100]。可见，本书的结论与过往研究保持一致。

更为重要的是，本书调节效应结果显示，制度机制有效性和社会互动有效性对消费者信任的影响方面，存在显著的性别差异，即性别对这两条路径具有调节效应。尽管制度机制有效性和与其他消费者之间互动有效性在全样本主效应检验中已证实对消费者信任有显著正向影响，但其影响强度在男性消费者群体和女性消费者群体中存在差异。男性消费者相比女性消费者而言，更加注重制度机制的有效性以及与供方之间互动有效性，而女性消费者相比男性消费者而言，更加注重共享社区里与其他成员之间互动的有效性。具体而言，在制度机制有效性感知以及与供方之间互动有效性对消费者信任的作用关系方面，男性消费者比女性消费者表现出更强的作用关系，而与其他消费者之间互动有效性对消费者信任的作用路径，女性消费者比男性消费者表现出更强的作用关系。此外，在消费者信任对感知风险、持续共享意愿的影响关系方面，也存在较为显著的性别差异。

3. 事后分析（post-hoc analysis）

综合前述结果讨论，消费者与其他消费者之间的互动有效性越高，消费者对平台信任水平越高，进而更多消费者持续参与共享。周而复始，平台用户会对共享平台形成良好的口碑，并向其他未参与共享的消费者传播平台的良好口碑和声誉，同时传递出以下积极信号：政府为规范共享平台的发展制定了有效监管政策，而共享平台为配合政府监管也已经制定和完善相关制度机制来促进共享交易的顺利达成。基于此，本书提出一个设想，即社会互动有效性感知会正向促进制度机制有效性感知。为验证该设想，本书进行事后分析，在原有研究模型基础上增加一条路径，即社会互动有效性感知与制度机制有效性感知之间的关系路径，如图 6.9 所示。在该模型中，社会互动有效性感知的测量采用本书模型中与供方之间互动有效性感知以及与其他消费者之间互动有效性感知的所有测量指标，而制度机制有效性感知的测量采用本书研究模型所有制度机制的测量指标。事后分析检验结果显示，社会互动有效性感知对制度机制有效性感知有显著正向影响（β=0.577，p<0.001），并且，社会互动有效性感知对消费者信任的影响被制度机制有效性感知完全中介。

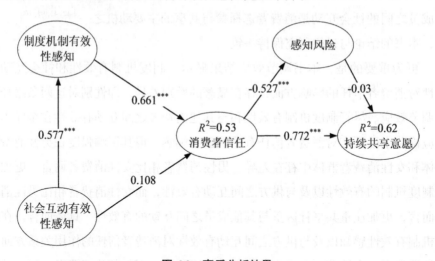

图 6.9　事后分析结果

事后分析检验结果给后续研究提供了重要理论启示和管理启示。首先，社交网络和共享社区（也称协同消费社区）在当今共享经济 C2C 活动中扮演着更重要的角色。因此，本书中的制度机制和社会互动的概念以及两者之间的关系研究可以进一步推广到社区研究。其次，本书结论表明，社区成员之间的互动既可促进消费者形成对平台的信任，又可增强消费者持续参与共享意愿。因此，未来的研究可以通过运用其他社会互动相关理论，例如社会交换理论、社会互动理论和社会资本理论等来进一步解析在共享经济下社会互动的影响机制。最后，共享平台企业应加强支持社会互动和用户交流的社交机制和技术方面的投入，同时致力构筑线上线下协同消费社区，这不仅可提高消费者对平台制度信任的水平，还可增强消费者的持续共享意愿，进而扩大平台企业的群众基础，实现共享平台企业的可持续发展。

6.5 本章小结

通过本章的实证研究，可以得到以下结论。

1. 制度机制有效性感知对消费者信任的影响

审核与认证机制有效性感知、隐私保证机制有效性感知和政府监管有效性感知对消费者信任的正向影响显著。因此，假设 H2、H3 和 H5 成立。反馈机制有效性感知、争议解决机制有效性感知和行业自律监管有效性感知对消费者信任的正向影响不显著。因此，假设 H1、H4 和 H6 不成立。

2. 社会互动有效性感知二阶因子检验及其对消费者信任的影响

社会互动有效性感知二阶因子检验结果表明，与供方之间互动有效性感知是能代表自我披露可信度感知和面对面互动互惠性感知两个维度的形成性二阶变量，且与其他消费者之间互动有效性感知是能代表在线评论有效性感知和友好互信关系感知两个维度的形成性二阶变量。与供方之间互动有效性感知对消费者信任的正向影响不显著，而与其他消费者之间互动有效性感知的正向影响显著。因此，假设 H7 不成立，而假设 H8 成立。

3. 消费者信任对感知风险和持续共享意愿的影响

消费者信任对感知风险的负向影响显著，并且消费者信任正向影响持续共享意愿。因此，假设 H9 和 H10 成立。然而，感知风险对持续共享意愿的负向影响不显著，因此，假设 H11 不成立。此外，消费者信任是隐私保证机制有效性感知、政府监管有效性感知、与其他消费者之间互动有效性感知与持续共享意愿之间关系的完全中介变量，在审核与认证机制有效性感知与持续共享意愿之间发挥部分中介作用。

4. 性别的调节作用机制

在制度机制有效性感知与消费者信任之间的关系方面，男性消费者相比女性消费者表现出更强的作用关系；在与供方之间互动有效性感知和消费者信任之间的关系方面，男性消费者相比女性消费者表现出更强的作用关系；在与其他消费者之间互动有效性感知和消费者信任之间的关系方面，女性消费者相比男性消费者表现出更强的作用关系。因此，假设 H12a、H12b 和 H12c 均成立。

第7章 结论与展望

7.1 主要研究结论

随着共享经济和共享平台的快速发展，共享经济已成为我国经济增长的重要新动能，也成为服务业快速增长和转型升级的引擎。然而，近年来共享平台部分领域问题集中爆发，引发了社会各界对共享平台甚至整个共享经济的争议和质疑，不仅让消费者动摇了对共享平台和共享经济发展的信任和信心，还使得众多共享平台型企业"昙花一现"或走向衰败，让平台经济、共享经济的发展前景蒙上一层阴影。为此，当前亟须做的就是重建共享经济和共享平台与消费者之间的信任。更令人遗憾的是，现实中平台型企业制度环境和外部监管环境的治理与改善一直效果不佳甚至陷入困境，而学术界也鲜少关注在共享经济下的制度信任研究。针对这一问题，本书从在线信任理论、信任建立模型、制度信任理论以及社会渗透理论出发，沿着"制度机制+社会互动—消费者信任—行为意愿"的逻辑思路，对我国在共享经济下消费者信任的前因和后果及其作用机制的边界性条件进行尝试性探寻，希冀能够研究出共享经济和共享平台型企业可持续发展的路径选择。本书结合过往研究的理论框架和变量维度，设计严谨的调查问卷，并通过预调研、正式调研和实证研究对本书提出的各个假设进行实证检验，得出以下研究结论。

结论 1：制度机制有效性感知维度中，审核与认证机制有效性感知、隐私保证机制有效性感知和政府监管有效性感知对消费者信任有显著正向影响，其中隐私保证机制有效性感知的正向影响系数（$\beta=0.442$，$p<0.001$）最大，而反馈机制有效性感知、争议解决机制有效性感知及行业自律监管有效性感知未得到样本数据支持。社会互动有效性感知方面，与其他消费者之间的互动对消费

者信任的正向影响得到支持（$\beta=0.137$，$p<0.01$），而与供方之间的互动对消费者信任无显著正向影响。该研究结论表明，在我国共享经济发展正处于拐点这一背景下，消费者更加关注能切实保护自己安全、隐私等方面的权益且能降低潜在交易风险的制度机制，也期望政府主管部门能发挥其应有的监管职能，进一步规范和监管共享经济和共享平台的发展。但是，其他三种机制对消费者信任的正向影响不显著，并不能说明可以忽略反馈机制、争议解决机制和行业自律机制的作用。作为一种新业态，当前共享经济主要领域都程度不同地出现了问题集中爆发的现象，消费者迫切要求解决当前发展中遇到的阶段性问题。但是，随着共享实践的深入发展，我国共享经济模式趋向成熟，社会各界对共享经济的理念、模式及其经济社会影响的认识不断深化，对共享平台各项制度机制规范化以及政府监管、行业自律监管的常态化将日益形成社会共识。

结论 2：社会互动有效性感知包括与供方之间互动有效性感知和与其他消费者互动有效性感知两个二阶变量，其中，与供方之间互动有效性感知包括自我披露可信度感知和面对面互动互惠性感知，与其他消费者之间互动有效性感知包括在线评论有效性感知和友好互信关系感知。二阶因子测量结果表明，与供方之间互动有效性感知与自我披露可信度感知和面对面互动互惠性感知之间的路径系数（$\beta=0.61$，$p<0.001$；$\beta=0.47$，$p<0.001$）均显著，说明与供方之间互动有效性感知能代表自我披露可信度感知和面对面互动互惠性感知两个维度的反映性二阶变量；与其他消费者之间互动有效性感知与在线评论有效性感知和友好互信关系感知之间的路径系数（$\beta=0.48$，$p<0.001$；$\beta=0.83$，$p<0.001$）均显著，该结果说明与其他消费者之间互动有效性感知能代表在线评论有效性感知和友好互信关系感知互动维度的反映性二阶变量。

主效应检验结果表明，与供方之间互动有效性感知对消费者信任的正向影响不显著，而与其他消费者之间互动有效性感知对消费者信任的正向影响显著（$\beta=0.137$，$p<0.01$），与过往研究结论基本一致。O'regan（2013）[318]认为，共享平台不仅有利于加强用户之间的社会互动，而且有利于在用户之间建立特定的身份和归属感。中介效应检验结果表明，与其他消费者之间互动有效性对促进持续共享意愿具有正向作用，并在消费者信任与持续共享意愿之间具有部分中介作用，这一方面说明在线评论有效性感知和友好互信关系感知是

提高消费者信任和持续共享意愿的重要因素，另一方面表明当前共享经济发展阶段，我国消费者注重共享社区成员之间的互动、社区归属以及社会资本的创建。更为重要的是，研究结论表明共享平台在构建多元共治的协同消费社区方面也能发挥作用，进一步释放其在基层社区治理创新方面的活力。此外，事后分析检验结果显示，社会互动有效性感知对制度机制有效性感知有显著正向影响，并且社会互动有效性感知对消费者信任的影响被制度机制有效性感知完全中介。可见，在共享经济下社会互动有效性感知不仅能提高消费者对共享平台的信任，还能提高消费者对制度机制有效性的感知水平。

结论 3：制度机制有效性和社会互动有效性对消费者信任的影响方面，存在显著的性别差异，即性别对这两条路径具有调节效应。如结论 1 和结论 2 中所述，制度机制有效性和与其他消费者之间互动有效性在全样本主效应检验中已证实对消费者信任有显著正向影响，然而，其影响强度在男性消费者群体和女性消费者群体中存在显著差异。本书研究结果表明，男性消费者相比女性消费者而言，更加注重制度机制的有效性以及与供方之间互动的有效性，而女性消费者相比男性消费者而言，更加注重共享社区里与其他消费者之间互动的有效性。具体而言，在制度机制有效性感知以及与供方之间互动有效性感知对消费者信任的作用关系方面，男性消费者比女性消费者表现出更强的作用关系（ $t_{spooled}$ =25.37， $p<0.001$ ； $t_{spooled}$ =4.43， $p<0.001$ ），而在与其他消费者之间互动有效性感知对消费者信任的作用路径方面，女性消费者比男性消费者表现出更强的作用关系（ $t_{spooled}$ =17.5， $p<0.001$ ）。

此外，在消费者信任对感知风险和持续共享意愿的直接作用关系方面，男性消费者比女性消费者表现出更强的作用关系。具体而言，在消费者信任对持续共享意愿的影响关系方面，男性消费者（ β =0.81， $p<0.001$ ）比女性消费者（ β =0.735， $p<0.001$ ）表现出更强的作用关系；在消费者信任抑制感知风险的效果方面，男性消费者（ β =-0.541， $p<0.001$ ）比女性消费者（ β =-0.528， $p<0.001$ ）表现出更好的效果。可见，在消费者信任的前因和后果方面均存在显著的性别差异，该研究结论进一步明晰了不同制度机制和社会互动因素影响消费者信任以及消费者信任影响感知风险、持续共享意愿的差异化作用机制和边界条件。

结论4：消费者信任对持续共享意愿有显著正向影响（$\beta=0.759$，$p<0.001$），并对感知风险有显著负向影响（$\beta=-0.53$，$p<0.001$），该研究结论与共享经济已有研究[9, 10, 125, 311]的结论一致。然而，感知风险对持续共享意愿的负向影响较弱（$\beta=-0.04$，$p>0.05$）。这一方面说明消费者的信任是共享经济可持续发展的关键因素之一，另一方面说明我国共享经济的制度环境得到进一步完善，政府和行业监管体系日趋规范化、制度化和法治化，平台企业合规化水平明显提高，多方协同的安全保障和应急管理体系建设取得积极进展，所有这些极大提振了消费者对共享经济发展前景的信心，有效缓解了消费者对当前我国共享经济发展过程中潜在风险的担忧。

本书中介效应检验结果还表明，消费者信任在部分制度机制有效性感知与持续共享意愿之间发挥完全中介作用，该结论与共享经济领域已有研究结论[202, 311]一致。具体而言，消费者信任完全中介隐私保证机制有效性感知、审核与认证机制有效性感知和政府监管有效性感知与消费者信任之间的关系。尽管有学者认为平台制度机制对消费者行为意愿具有直接正向影响[9]，但本书的研究结果表明，部分主要制度机制对持续共享意愿的影响只能通过提高消费者对平台的信任水平来间接增强。至于本书结果与以往研究结果存在的差异，其原因有以下可能：由于本书的对象是普通消费者，多数消费者刚刚开始接触或使用共享经济平台，缺乏持续共享经历和消费创新性，加之近期国内对共享平台管理机制方面的负面新闻报道较多，其对共享经济平台企业的制度机制以及政府监管的作用产生了不信任的态度。因此，仅靠现有制度机制很难完全吸引消费者持续参与，而提高信任能够有效缓解消费者对共享经济和共享平台的敌对态度，进而增强消费者持续共享意愿。

此外，本书发现控制变量中的使用频率对消费者信任和持续共享意愿有一定的正向影响，研究结论与过往研究[311]保持一致。一方面表明我国消费者使用共享平台次数越多，对共享经济带来的利益和便利性感知越深，进而提高对共享经济和共享平台的信任以及持续使用意愿，另一方面表明共享经济协同消费理念已深入人心并逐渐被广泛接受。该结论要求我国政府和平台企业在制定相关政策时应考虑消费者异质性特征因素，牢牢把握消费者利益至上这一根本原则。

7.2　研究贡献

7.2.1 理论贡献

本书的理论贡献主要体现在三个方面。

第一，拓展和深化了制度信任研究。营销领域以 Zucker（1986）、Pavlou（2002）、Pavlou 和 Gefen（2004）[30]、Fang 等（2014）[211]等为代表的许多学者关注和研究了制度信任的影响，也对在不同情境下制度信任的维度进行了考量和划分，取得了一些具有开创性和突破性的研究成果，但这些研究均是在传统 B2B、B2C 等电子商务情境下开展的，并且制度信任的维度局限于微观层面，因此不但无法适用于共享经济平台情境，而且即使在协同消费环境下有学者探究了 P2P 平台制度信任各个维度对供需方参与协同消费的影响[16]，也仅仅能够生成单维的"平台型"制度信任，无法形成完整的在共享经济下制度信任多维度边界"画布"。本书构建的制度信任维度界定较好地弥补了这些缺陷，一方面将当前我国在共享经济情境下消费者关注的市场驱动型平台制度机制，包括反馈机制、审核与认证机制、隐私保证机制和争议解决机制纳入制度信任，另一方面要构建良好的适宜当前共享经济和共享平台的发展的制度环境，离不开政府和行业机构的严格监管，因此本书同时将外部监管机制（政府监管和行业自律监管）纳入制度信任的维度，二者结合共同生成在共享经济下制度信任内容边界的多维"画布"。

第二，延伸和创新了社会互动研究，进一步拓展了社会渗透理论的应用范围。管理领域已有研究往往依据社会渗透理论探究人际交往和人际关系的发展，并将其划分为四个阶段[218]，强调交往过程中自我披露和互惠行为所产生的影响。同时，有学者关将社会渗透理论应用于解析顾客与员工之间的关系及其对信任[228]的影响，还有学者基于社会渗透理论探究网络社交中自我披露的影响机制[231-232]以及在共享经济下供需双方之间互动对持续使用意愿的影响[13]。然而，这些研究多数强调以在线自我披露为主的在线互动以及供需双方之间的面对面互动，较少考虑在 C2C 共享情境下消费者之间的互动，而且互动维度对消费者信任的影响机制缺少实证上的解析。本书较好地弥补了这些研究不足，不仅将在共享经济下社会互动类型划分为在线互动和面对面互动，而且提出更加契合共享经济情境的社会互动二阶因子，即与供方之间互动（包括自我披露和面对面互动互惠性）和与其他消费者之间互动（包括在线评论和友好互信关系），构造出社会互动影响消费者信任的模型，从而为未来研究基于社会渗透理论探寻社会互动的影响机制提供了重要的理论参考。

第三，丰富和完善了在共享经济下消费者信任和消费者行为研究。共享经济的核心是信任。目前国内学者也已认识到在共享经济下消费者信任的重要性并进行了研究，例如国内学者谢雪梅等（2016）[191]、王红丽等（2017）[319]研究指出在共享经济环境下消费者信任的重要作用，李立威和何勤（2018）[320]对在共享经济下的信任做了文献述评。此外，国内外学者对影响消费者信任的因素及其影响结果进行研究，例如影响因素包括共享平台的声誉[18]、平台网站质量[21]、服务提供方的个人特征[23]和信息完整性[24]、消费者与服务提供方之间的互动经历[25]、对服务提供方信息的审核[21]等，而影响结果方面，主要关注信任对消费者参与意愿、决策以及参与行为等方面的影响，主要学者代表有 Möhlmann（2015）[11]、Liang 等（2018）[321]、贺明华和梁晓蓓（2018b）[9]。然而，从影响信任的前因来看，多数研究沿用 C2C 电子商务信任研究的前因变量，而对反映共享经济中信任独特性的因素研究还非常不够，例如在线互动、社交因素和政府监管等对消费者信任的影响，以及人口统计特征例如性别等因素对共享经济中消费者信任形成机制的重要影响等；从影响结果来看，鲜少有关于消费者信任与感知风险之间的关系以及两者结合对行为意愿的影响的研究。本书通过对在共享经济下消费者信任相关文献进行系统地梳理和评述，创新性地构建了在共享经济下消费者形成对共享平台信任的前因和后果模型，探察制度机制因素和社会互动因素对消费者信任的影响以及消费者信任对感知风险、持续共享意愿的影响，并通过多群体分析方法解析性别在消费者信任前因机制方面的差异性影响，不仅是对在共享经济情境下消费者信任和消费者行为研究不足的弥补，而且能够为营销领域整体性的消费者信任和消费者行为研究提供新思路和新借鉴，在一定程度上丰富、扩展、深化和完善了消费者信任和消费者行为研究。

7.2.2 管理启示

尽管中国共享经济商业模式仍处于发展拐点阶段，但近年来共享经济市场规模与价值急剧增长。共享经济给中国消费者提供了创新型、多元化的产品和服务，并以较低价格和更高质量的共享产品和服务不断提高中国消费者的福利水平。然而，共享经济快速发展的背后，涌现一些现实问题，因此，进一步加强和规范共享经济监管，为共享经济和共享平台发展构筑良好的制度环境和制度体系，进一步提升消费者对于共享经济和共享平台的信心和信任，已经成为中国各级政府现实高度关注的政策议题。本书为政府和共享平台企业提供以下重要管理启示。

1. 政府层面

管理启示 1：适时调整监管策略，引导共享经济和共享平台逐步走向合规化和规范化运营。本书结果表明，政府监管有效性感知对消费者信任的形成具有显著正向影响，并通过消费者信任对持续共享意愿具有促进作用。因此，政府主管部门要认识到共享经济发展的必然趋势，并通过回应性导向的规制策略来监管共享经济，通过制度规制来保证共享经济的健康、有序发展，进而增强消费者对于共享经济发展前景的信心。一方面要采取前瞻性的网络治理规制战略来规制共享经济，通过引导、鼓励、协调和设计等手段促成共享平台、服务提供方和消费者等利益相关体之间的互动与协商，以此来促进不同利益相关者之间的交流，从而增进彼此间的信任程度；另一方面，要积极引导平台企业利用大数据技术、物联网技术和区块链技术等手段和机制，构建以信用为核心的共享经济规范发展体系。

管理启示 2：牢牢把握消费者安全至上的发展理念，加强建立与平台企业之间的数据共享，建立和完善共享平台与政府部门联动的应急处置机制和风险防范化解机制，最终形成多元主体协同治理新格局。本书的结果表明，共享经济作为一种全新的经济模式，消费者在共享经济交易过程中存在多方向的潜在风险感知，既存在人身安全、隐私和财务等方面的潜在风险和隐患，也存在法律法规政策方面的诸多空白。因此，政府主管部门在对共享经济进行规范和监管时，应严格制定相关法律法规政策，引导、促进和规范共享平台运营管理机制建设，特别是制定形成一套公开、透明、严谨和有效的平台管理制度机制。一方面，要通过引导和督促共享平台企业建立健全制度机制，营造消费者信任的共享交易环境，例如，鼓励并引导国内共享平台企业在政府监管和法定框架下，在确保用户隐私和信息安全的前提下创新平台信用管理机制，借助"互联网+"和大数据技术，与政府信用信息平台以及第三方征信服务机构开展深度合作，实现无缝对接，共建、共享信用数据库资源；另一方面，要通过加强平台机制管理，为促进参与各方的有效合作提供激励机制，促进共享经济市场实现更多潜在交易，例如，政府应积极推进共享平台企业、第三方征信服务机构、全国信用信息共享平台以及社会各个相关主体信用数据库与相关政府部门数据库对接，在信用共享中助推我国共享经济提质增效、扩容增量，持续释放共享经济的信用红利。

管理启示 3：加快出台行业性服务标准和规范，推进行业自律和标准化体系建设，实现政府监管与行业自律监管交互融合的常态化、长效化监管机制。本书结果表明，单一的行业自律监管不足以提高消费者对共享平台的信任水平。因此，政府主管部门应认识到，我国当前共享经济商业模式尚处孕育期，共享经济平台或行业协会的自律规制仍不足以保护消费者的权益，对共享平台的责任和合法运营进行规制势在必行。首先，政府应建立健全共享经济相关法律法规体系，推进政府监管创新，构建更为细致、包容的税收法律体系和管理方式，建立健全政策实施效果测评体系，适时调整政策细则；建立现代化的政府监管模式，利用最新的互联网和大数据技术，实现对共享平台的实时监管与植入监管。其次，政府要把握规制的合理性和适度性，因为彻底禁止或过于严格的规制可能会限制共享平台的发展。因此，在制定保护消费者权益的政策法规时，政府规制部门或机构还应该考虑共享经济特定规制条例是否会为平台的发展带来极端负面影响，确保在保护消费者和避免形成新的社会排斥之间取得平衡。

此外，由于共享经济迥异于传统经济，既有传统监管方式不能完全满足其监管需求。因此，政府一方面要创新监管方式，采用回应型监管策略，引入渐进式、实验式和灵活式监管方法，在鼓励创新与合理监管之间寻求动态平衡；另一方面，要注意协调政府监管与行业自律监管之间的隐性冲突，探究二者的互动关系，以期揭示两种监管模式可能存在的内在勾连机制，实现两种监管方式的无缝连接与高效组合。

2. 共享平台层面

管理启示 1：建立健全平台各项管理制度和制度机制，构建安全、信赖、可靠的在线交易环境，提高消费者的信任和信心，以更好地助推共享经济在中国经济增长方面发挥"新动能"的作用。本书的结果表明，部分制度机制有效性对消费者信任具有显著正向影响，并且消费者信任在部分制度机制与持续共享意愿之间起完全中介作用。因此，共享平台企业应把赢取消费者信任作为战胜竞争对手的有力武器，一方面要构建一个值得信赖和可靠的在线交易环境，以留住已加入平台的消费者，另一方面，要加大平台制度机制建设方面的投入，尤其是共享交易相关的市场驱动型平台制度机制，例如认证与审核机制、隐私与保证机制、反馈机制、争议解决机制等方面的投入，并密切关注消费者对共享平台机制的感知，评估不同机制的影响结果，并根据实际情况合理分配平台信任建设方面的资源投入。

本书的结果还表明，消费者信任增强持续共享意愿。可见，维护一个值得信赖和可靠的在线平台交易环境有助于留住原有客户，激励持续共享意愿和重复购买行为。同时，消费者信任能有效缓解感知风险。因此，平台企业管理层应该认识到，在平台实际运营过程中，应采取相应保护措施降低消费者的风险感知水平，把保护消费者权益上升到平台优先发展的战略层面。同时，在政府监管框架下创新平台和行业自律监管机制，努力构建规范、有序、健康和持续的平台运营环境，扩大平台共享群体基础，以更好地助推共享经济在中国经济增长方面发挥"新动能"的作用。

管理启示 2：优化平台网站界面，充分利用社交媒体和社交网络，努力构建在线平台共享社区和线下平台共享社区，释放共享平台在基层民主治理创新方面的活力。本书的结果表明，社会因素和社会互动对消费者信任具有重要影响，并对制度机制有效性感知也有显著正向影响。可见，增强消费者的社会互动感知不仅有助于增加消费者信任和持续共享意愿，还有助于加强消费者对制度环境的感知。因此，共享平台企业应通过制度机制设计和平台界面设计保证供需双方信息披露的真实性，并提供供需双方在线互动交流的工具和渠道。同时，共享平台企业应努力构建并维护在线共享社区，鼓励和引导供需方之间以及需方消费者之间通过在线共享社区进行在线互动和交流。具体而言，平台企业可充分利用社交媒体和社交网络，通过确认供需双方的身份信息、建立可以提前进行沟通的信息系统等过程来增加供需双方之间的信任，因为社交网络使得交易双方可以直接进行沟通并通过一些在社交网络上的相关信息判断交易双方的信用情况。从某种程度上讲，社交网络增进了交易双方的信任，节约了交易成本，促进了交易的顺利完成。

本书的结果还表明，与其他消费者之间互动有效性感知对消费者信任的正向影响显著，且在制度机制有效性感知与持续共享意愿中发挥部分中介作用，这说明，当前我国消费者更加重视线上和线下共享社区成员之间的交流与互动。为此，共享平台企业应采取以下措施。一是努力践行"共享"理念，打造共享社区。参与并构建线上"共享社区"和线下"共享社区"，通过线上App和线下共享空间，搭建社区共享互助平台，实现社区成员间需求和资源共享的精准对接，增强社区成员间的互动交流。二是引入"区块链"理念，将区块链技术与大数据结合，加强社区成员身份的审核认证，全面解决社区人员真实身份确认问题。三是配合当地政府和社区委员会，积极引导共享社区居民进行自治，推动基层社会治理体系的完善，从而真正发挥共享平台在基层民主创新方面的能力和活力。

管理启示 3：基于顾客特质和消费数据，实施有效的市场细分，制定有针对性的差异化运营策略和营销策略，最大化满足消费者个性需求。本书多群组分析结果表明，在制度机制有效性感知和社会互动有效性感知对消费者信任的影响路径方面，存在显著的性别差异。因此，共享平台企业在日常运营管理实践和市场营销实践中，可针对顾客性别实施有效的市场细分，制定差异化的营销策略。本书的结果表明，制度机制有效性感知及与供方之间互动有效性感知对消费者信任的影响方面，男性消费者相比女性消费者而言表现出更强的作用关系。可见，男性消费者更关注制度环境和娱乐方面的需求，因而，平台企业应当将制度机制建设成果宣传主要聚焦男性群体消费者。相反，在与其他消费者之间互动对消费者信任的影响方面，女性消费者相比男性消费者表现出更强的作用关系，因此平台企业应努力满足她们的社会互动需要和情感交流需要。

尽管平台企业通过完善制度机制建设和增强消费者的社会互动有效性感知就可能产生平台经营层面的重要结果，但是还要以精准的市场细分为指导。本书研究表明，消费者个性特质可以用作细分变量。为此，共享平台企业可以通过会员服务或发放优惠券作为收集消费者数据的一种很好的手段，结合定期执行积分兑换来连续收集消费者的个性特质及消费数据。同样，平台企业可收集实际消费行为数据，例如，可在共享平台网站后台交易系统建立累积实际交易行为数据的数据库，以便对发生实际共享交易的消费者样本数据进行定期分析，深度挖掘消费者个性特质，进而制定有针对性的差异化运营策略和营销策略。

7.3　研究局限和展望

7.3.1 研究局限

鉴于作者能力和研究条件有限，本书尚存在一些不足和局限之处，主要体现在以下方面。

（1）研究样本方面。本书的调查样本为使用过共享出行平台汽车共享服务经历的消费者，虽然本书所构建的研究模型和研究假设检验多数得到了样本数据的支持与验证，然而本书的研究结论是否对其他共享平台消费者样本具有普适性，仍需进一步验证。

（2）研究时点方面。本书对所构建的研究模型和相关假设的检验采用的是消费者在同一时间点上的横截面数据。然而，消费者对共享经济和共享平台的信任水平以及参与共享的意愿会随着时间动态而发生变化。可见，在单一时点上收集数据可能会给研究的结论带来一定的偏差。

（3）概念界定与测量方面。为确保本书模型中各个潜变量的内容效度，本书中所有潜变量各个维度的测量量表均采用较为成熟的测量题项并结合本书特定情境和调查对象进行了适应性改编，尽管通过相关检验结果显示这些量表的信度和效度均良好，不过使用其他的维度提取和量表开发与验证方法将有可能得到更好的结果。

（4）研究模型构建方面。本书在 C2C 共享经济环境中构建了以制度机制

（包括反馈机制、审核与认证机制、隐私保证机制、争议解决机制、政府监管和行业自律监管六个维度）有效性感知以及社会互动（包括与供方之间互动和与其他消费者之间互动）有效性感知为前因变量、以感知风险和持续共享意愿为结果变量的消费者信任前因后果模型，但是并没有考察消费者信任倾向、过往互动经历和风险遭遇经历等控制变量因素，这些可能对消费者信任产生直接影响。

（5）调节变量的选择方面。制度机制有效性和社会互动有效性对消费者信任的影响关系方面，会受消费者个性特征因素的影响。本书仅考察并证实了性别因素对消费者信任形成机制的调节作用，而其他反映消费者个性特质的其他因素（例如年龄、居住城市 、教育水平、职业等）变量同样也可能会对制度机制有效性和社会互动有效性与消费者信任之间的关系具有调节作用。

7.3.2 研究展望

1. 进一步拓展研究样本

本书的调查对象是某共享出行平台用户，测试样本的单一可能会影响本书结论在共享经济领域中的普适性。未来研究可将研究样本拓展到其他共享平台（例如国内共享民宿平台）用户，以检验本书概念模型的预测效度。

2. 使用纵向研究数据

未来研究可以利用纵向研究跟踪一组消费者的信任水平和共享意愿的动态变化，借此充分探察消费者信任与共享意愿在共享交易情境中的演变机理。因此，未来研究可采用动态的跟踪方法，在不同时间段收集样本数据，例如，在时间点 T1 收集自变量（制度机制有效性感知和社会互动有效性感知）数据，间隔一段时间 T 后，在时间点 T2 收集中介变量（消费者信任）和因变量（持续共享意愿）的数据，这样既可减少共同方法偏差问题，又可考察消费者信任水平和共享意愿的动态演变趋势和累积效果。

3. 采用不同的维度界定与测量量表

将来的研究可以采用与本书不同的变量维度界定方法，比如可以把消费者信任看作包括能力、善良、正直的三个维度概念，感知风险四个维度可增加或减少一些维度，也可以把社会互动直接分解为在线互动和面对面互动的两个维度概念，或者将持续共享意愿看作实际共享行为，并根据这样的定义选择不同的测量量表。此外，还可采用定性研究方法提取或开发变量的测量量表，例如，未来研究可考虑通过扎根理论、定性访谈与案例研究相结合的质性研究方法，对本书模型各个变量的维度做进一步的提炼。

4.进一步探究前因变量及其相互关系

将来的研究可以进一步关注社会互动的作用，并探讨其与各个制度机制维度之间的关系。也可以考虑添加制度信任二阶变量到本书的概念模型中，以探察社会互动与制度信任之间的关系及其共同影响消费者信任，并比较其对消费者信任的作用效应，同时解释这些概念对消费者信任的不同作用机理。

5.进一步考察其他变量对制度机制和社会互动与消费者信任之间关系的调节作用。将来的研究可以进一步考察消费者其他个性特质的调节作用。比如，可以考察不可观测异质性对社会互动与消费者信任之间关系的调节作用，通过多群组分析方法将消费者划分为不同细分群体，以展开更为细致的消费者信任形成机制研究。此外，还可以考察消费者创新性的调节作用，比如可以把消费者区分为高创新性、中创新性、低创新性三个群组，以检验在不同创新性水平下消费者信任形成机制的差异。

参 考 文 献

［1］Botsman R., Rogers R. What's mine is yours: How collaborative consumption is changing the way we live［M］. London: Harper Collins, 2011.

［2］Cialdini R. B. Harnessing the science of persuasion［J］. Harvard Business Review, 2001, 79（9）: 72-81.

［3］Babin B. J., Boles J. S. Employee behavior in a service environment: A model and test of potential differences between men and women［J］. Journal of Marketing, 1998, 62（2）: 77-91.

［4］Bae S., Lee T. Gender differences in consumers' perception of online consumer reviews［J］. Electronic Commerce Research, 2011, 11（2）: 201-214.

［5］Sun J., Song S., House D., et al. Role of gender differences on individuals' responses to electronic word-of-mouth in social interactions［J］. Applied Economics, 2019, 51（28）: 3001-3014.

［6］Awad N. F., Ragowsky A. Establishing trust in electronic commerce through online word of mouth: An examination across genders［J］. Journal of Management Information Systems, 2008, 24（4）: 101-121.

［7］国家信息中心分享经济研究中心. 中国共享经济发展年度报告（2019）［R/OL］. http://www.sic.gov.cn/News/568/9906.htm ［accessed 03-10-2019］.

［8］Luhmann N. Trust and power［M］. Chichester: John Wiley& Sons, 1979.

［9］贺明华, 梁晓蓓. 共享平台制度机制能促进消费者持续共享意愿吗?——共享平台制度信任的影响机理［J］. 财经论丛, 2018b, 236（8）: 75-84.

［10］贺明华, 梁晓蓓, 肖琳. 共享经济监管机制对感知隐私风险、消费者信任及持续共享意愿的影响［J］. 北京理工大学学报（社会科学版）, 2018c, 20（6）:

55-64.

[11] Möhlmann M. Collaborative consumption: Determinants of satisfaction and the likelihood of using a sharing economy option again [J]. Journal of Consumer Behaviour, 2015, 14 (3): 193-207.

[12] Ert E., Fleischer A., Magen N. Trust and reputation in the sharing economy: The role of personal photos in airbnb [J]. Tourism Management, 2016, 55: 62-73.

[13] Moon H., Miao L., Hanks L., et al. Peer-to-peer interactions: Perspectives of airbnb guests and hosts [J]. International Journal of Hospitality Management, 2019, 77: 405-414.

[14] Chen J., Zhang C., Xu Y. The role of mutual trust in building members' loyalty to a c2c platform provider [J]. International Journal of Electronic Commerce, 2009, 14 (1): 147-171.

[15] Hawlitschek F., Teuber T., Adam M. T. P., et al. Trust in the sharing economy: An experimental framework [C]. The 37th International Conference on Information Systems (ICIS). Dublin, Irand, December 11-14, 2016, 1-14.

[16] Keetels L. Collaborative consumption: The influence of trust on sustainable peer-to-peer product-service systems: [dissertation]. Utrecht, Dutch: Utrecht University, 2012.

[17] Bardhi F., Eckhardt G. M. Access-based consumption: The case of car sharing [J]. Journal of Consumer Research, 2012, 39 (4): 881-898.

[18] Möhlmann M. Digital trust and peer-to-peer collaborative consumption platforms: A mediation analysis [DB/OL]. https: //dx.doi.org/10.2139/ssrn.2813367 [accessed April 9, 2019].

[19] Liu Y., Nie L., Li L. Homogeneity, trust, and reciprocity: Three keys to the sustainable hospitality exchange of couchsurfing [J]. Tourism Analysis, 2016, 21 (2): 145-157.

[20] Abramova O., Shavanova T., Fuhrer A., et al. Understanding the sharing

economy: The role of response to negative reviews in the peer-to-peer accommodation sharing network [C]. The 23rd European Conference on Information Systems (ECIS) 2015. Münster, Germany, May 26-29, 2015

[21] Teubner T., Hawlitschek F. The economics of peer-to-peer online sharing [M]. In P. Albinsson and Y. Perera (Eds.). The rise of the sharing economy: Exploring the challenges and opportunities of collaborative consumption, 2017, 129-156. Praeger Publishing.

[22] Thierer A. D., Koopman C., Hobson A., et al. How the internet, the sharing economy, and reputational feedback mechanisms solve the 'lemons problem' [J]. University of Miami Law Review, 2016, 70 (3): 829-878.

[23] Teubner T., Adam M. T., Camacho S., et al. To share or not to share on consumer-to-consumer platforms: The role of user representation [R]. Institute of Information Systems and Marketing (IISM) working paper, 2015.

[24] He J. J. The impact of resource sharers' personal descriptive information on sharing effect in the sharing economy [C]. The 16th Wuhan International Conference on E-Business. Wuhan, China, 2017, 349-357.

[25] Kamal P., Chen J. Q. Trust in sharing economy [C]. The 20th Pacific Asia Conference on Information Systems. Chiayi, Taiwan, June 6-27, 2016.

[26] Botsman R., Rogers R. What's mine is yours: The rise of collaborative consumption [M]. New York: Harper Business, 2010.

[27] Barnes S. J., Mattsson J. Understanding collaborative consumption: Test of a theoretical model [J]. Technological Forecasting & Social Change, 2016, 118: 281-292.

[28] Zucker L. G. Production of trust: Institutional sources of economic structure, 1840–1920 [J]. Research in Organizational Behavior, 1986, 8 (2): 53-111.

[29] Shapiro S. P. The social control of impersonal trust [J]. American Journal of Sociology, 1987, 93 (3): 623-658.

[30] Pavlou P. A., Gefen D. Building effective online marketplaces with institution-

based trust [J]. Information Systems Research, 2004, 15 (1): 37-59.

[31] Mcknight D. H., Choudhury V., Kacmar C. The impact of initial consumer trust on intentions to transact with a web site: A trust building model [J]. Journal of Strategic Information Systems, 2002, 11 (3–4): 297-323.

[32] Belanche D., Casal, Oacute L. V., et al. Trust transfer in the continued usage of public e-services [J]. Information & Management, 2014, 51 (6): 627-640.

[33] Qu W. G., Pinsonneault A., Tomiuk D., et al. The impacts of social trust on open and closed b2b e-commerce: A europe-based study [J]. Information & Management, 2015, 52 (2): 151-159.

[34] Hong I. B., Cho H. The impact of consumer trust on attitudinal loyalty and purchase intentions in b2c e-marketplaces: Intermediary trust vs. Seller trust [J]. International Journal of Information Management, 2011, 31 (5): 469-479.

[35] Hamilton D. L., Sherman S. J. Perceiving persons and groups [J]. Psychological Review, 1996, 103 (2): 336-355.

[36] Yang S.-B., Lee K., Lee H., et al. Trust breakthrough in the sharing economy: An empirical study of airbnb [C]. The 20th Pacific Asia Conference on Information Systems (PACIS). Chiayi, Taiwan, Jun 27-Jul.1, 2016, 131-137.

[37] Kim J., Yoon Y., Zo H. Why people participate in the sharing economy: A social exchange perspective [C]. The 19th Pacific Asia Conference on Information Systems. Marina Bay, Singapore, Jul. 6-9, 2015, 76-84.

[38] Chmaytilli J. E., Xhakollari X. How does ict build trust in collaborative consumption? : [dissertation]. Lund, Sweden: Lund University, 2016.

[39] Molz J. G. Toward a network hospitality [J]. First Monday, 2014, 19 (3): 1-6.

[40] Fischer E., Reuber A. R. Social interaction via new social media: (how) can interactions on twitter affect effectual thinking and behavior? [J]. Journal of Business Venturing, 2011, 26 (1): 1-18.

[41] Sashi C. Customer engagement, buyer-seller relationships, and social media

〔J〕. Management Decision, 2012, 50（2）: 253-272.

［42］Albinsson P. A., Perera B. Y. Alternative marketplaces in the 21st century: Building community through sharing events〔J〕. Journal of Consumer Behaviour, 2012, 11（4）: 303–315.

［43］Guttentag D. Airbnb: Disruptive innovation and the rise of an informal tourism accommodation sector〔J〕. Current Issues in Tourism, 2015, 18（12）: 1192-1217.

［44］Ozanne L. K., Ballantine P. W. Sharing as a form of anti-consumption? An examination of toy library users〔J〕. Journal of Consumer Behaviour, 2010, 9 （6）: 485–498.

［45］Sundararajan A. The sharing economy: The end of employment and the rise of crowd-based capitalism〔M〕. Cambridge, MA: MIT Press, 2016.

［46］Chen, Sherry Y., Macredie, et al. Web-based interaction: A review of three important human factors〔J〕. International Journal of Information Management, 2010, 30（5）: 379-387.

［47］Lin X., Featherman M., Sarker S. Understanding factors affecting users' social networking site continuance: A gender difference perspective〔J〕. Information & Management, 2017, 54（3）: 383-395.

［48］Liébana-cabanillas F. J., Sánchezfernández J., Muñozleiva F. Role of gender on acceptance of mobile payment〔J〕. Industrial Management & Data Systems, 2014, 114（2）: 220-240.

［49］Liébana-Cabanillas F., Muñoz-Leiva F., Sánchez-Fernández J. A global approach to the analysis of user behavior in mobile payment systems in the new electronic environment〔J〕. Service Business, 2018, 12（1）: 25-64.

［50］张海燕, 张正堂. 我国经济转型情境下制度信任对再次合作意愿的影响研究: 有调节的中介模型〔J〕. 商业经济与管理, 2017, 37（6）: 23-36.

［51］Lu B., Zeng Q., Fan W. Examining macro-sources of institution-based trust in social commerce marketplaces: An empirical study〔J〕. Electronic Commerce Research & Applications, 2016, 20: 116-131.

[52] 赵添乘. 关于消费者参与协同消费的影响因素研究 [D]. 北京: 北京邮电大学, 2014.

[53] Botsman R., Rogers R. Beyond zipcar: Collaborative consumption [J]. Harvard Business Review, 2010, 88 (10): 30-45.

[54] Pavlou P. A. Institution-based trust in interorganizational exchange relationships: The role of online b2b marketplaces on trust formation [J]. Journal of Strategic Information Systems, 2002, 11 (3): 215-243.

[55] Celata F., Hendrickson C. Y., Sanna V. S. The sharing economy as community marketplace? Trust, reciprocity and belonging in peer-to-peer accommodation platforms [J]. Cambridge Journal of Regions Economy and Society, 2017, 10 (2): 349-363.

[56] Wang Y. B., Ho C. W. No money? No problem! The value of sustainability: Social capital drives the relationship among customer identification and citizenship behavior in sharing economy [J]. Sustainability, 2017, 9 (1400): 1-17.

[57] Wang C. R., Jeong M. What makes you choose airbnb again? An examination of users' perceptions toward the website and their stay [J]. International Journal of Hospitality Management, 2018, 74: 162-170.

[58] Belk R. Sharing [J]. Journal of Consumer Research, 2010, 36 (5): 715-734.

[59] Jing L., Mimi L., Rob L. Experiencing p2p accommodations: Anecdotes from chinese customers [J]. International Journal of Hospitality Management, 2019, 77: 323-332.

[60] Zhou Z., Jin X.-L., Fang Y. Moderating role of gender in the relationships between perceived benefits and satisfaction in social virtual world continuance [J]. Decision Support Systems, 2014, 65: 69-79.

[61] Sun Y., Zhang Y., Shen X.-L., et al. Understanding the trust building mechanisms in social media: Regulatory effectiveness, trust transfer, and gender difference [J]. Aslib Journal of Information Management, 2018, 70 (5): 498-517.

[62] Felson M., Spaeth J. L. Community structure and collaborative consumption: A routine activity approach [J]. American Behavioral Scientist, 1978, 21 (4): 614-624.

[63] Belk R. Sharing versus pseudo-sharing in web 2.0 [J]. Anthropologist, 2014, 18 (1): 7-23.

[64] Heinrichs H. Sharing economy: A potential new pathway to sustainability [J]. GAIA-Ecological Perspectives for Science and Society, 2013, 22 (4): 228-231 (4).

[65] Hartl B., Hofmann E., Kirchler E. Do we need rules for "what's mine is yours"? Governance in collaborative consumption communities [J]. Journal of Business Research, 2015, 69 (8): 2756-2763.

[66] Roos D., Hahn R. Does shared consumption affect consumers' values, attitudes, and norms? A panel study [J]. Journal of Business Research, 2017, 77: 113-123.

[67] Martin C. J. The sharing economy: A pathway to sustainability or a nightmarish form of neoliberal capitalism? [J]. Ecological Economics, 2016, 121: 149-159.

[68] Richter C., Kraus S., Syrjä P. The shareconomy as a precursor for digital entrepreneurship business models [J]. International Journal of Entrepreneurship & Small Business, 2015, 25 (1): 18-35.

[69] Lamberton C. P., Rose R. L. When is ours better than mine? A framework for understanding and altering participation in commercial sharing systems [J]. Journal of Marketing, 2012, 76 (4): 109-125.

[70] Constantinides E., Fountain S. J. Web 2.0: Conceptual foundations and marketing issues [J]. Journal of Direct Data & Digital Marketing Practice, 2008, 9 (3): 231-244.

[71] Eckhardt G. M., Bardhi F. The sharing economy isn't about sharing at all [J]. Harvard Business Review, 2015, 28 (1): 2015.

[72] Belk R. Why not share rather than own? [J]. The ANNALS of the American

Academy of Political and Social Science, 2007, 611（1）: 126-140.

［73］Benkler Y. Sharing nicely: On shareable goods and the emergence of sharing as a modality of economic production［J］. Yale Law Journal, 2004, 114（2）: 273-358.

［74］郑志来. 共享经济的成因、内涵与商业模式研究［J］. 现代经济探讨, 2016, 411（3）: 32-36.

［75］罗宾·蔡斯. 共享经济: 重构未来商业新模式［M］. 杭州: 浙江人民出版社, 2015.

［76］张红艳, 范嵩, 王希, 等. 互联网共享经济模式分析［J］. 现代商业, 2016（1）: 68-69.

［77］Belk R. You are what you can access: Sharing and collaborative consumption online［J］. Journal of Business Research, 2014, 67（8）: 1595-1600.

［78］何哲. 何哲: 发展分享经济首次写入党的全会决议 列入国家战略［DB/OL］. http: //politics.people.com.cn/n/2015/1102/c1001-27765675.html ［accessed 2019-04-02］.

［79］张玉明. 从私有到公用: 分享经济的实质和绿色发展之路［M］. 北京: 人民出版社, 2017.

［80］张鑫. 分享与共享, 一字之差大不同［J］. 党政干部参考, 2017（17）: 41-42.

［81］Schor J., Fitzmaurice C. Collaborating and connecting: The emergence of the sharing economy［M］. In L. A. Reisch and J. Thøgersen （Eds.）. Handbook on research on sustainable consumption, 2015, 410-425. Cheltenham: Elgar.

［82］莫小华. 共享经济下服务期望和消费者参与的关系研究［D］. 华南理工大学, 2016.

［83］Seegebarth B., Peyer M., Balderjahn I., et al. The sustainability roots of anticonsumption lifestyles and initial insights regarding their effects on consumers' well-being［J］. Journal of Consumer Affairs, 2015, 50（1）: 68–99.

［84］Ozanne J., Ozanne L. Innovative community exchange systems: Grassroots social experiments in sustainability［J］. Advances in Consumer Research,

2011, 39: 65-68.

[85] Prothero A., Dobscha S., Freund J., et al. Sustainable consumption: Opportunities for consumer research and public policy [J]. Journal of Public Policy & Marketing, 2011, 30 (1): 31-38.

[86] Buczynski B. Sharing is good: How to save money, time and resources through collaborative consumption [M]. Gabriola Island, Canada: New Society Publishers, 2013.

[87] Milanova V., Maas P. Sharing intangibles: Uncovering individual motives for engagement in a sharing service setting [J]. Journal of Business Research, 2017, 75 (6): 159-171.

[88] Habibi M. R., Kim A., Laroche M. From sharing to exchange: An extended framework of dual modes of collaborative nonownership consumption [J]. Journal of the Association for Consumer Research, 2016, 1 (2): 277-294.

[89] John N. A. The social logics of sharing [J]. Communication Review, 2013, 16 (3): 113-131.

[90] Martin C. J., Upham P. Grassroots social innovation and the mobilisation of values in collaborative consumption: A conceptual model [J]. Journal of Cleaner Production, 2016, 134: 204-213.

[91] 范春蓉. 共享经济下我国消费者参与协同消费的影响因素研究 [D]. 西南交通大学, 2017.

[92] Bellotti V., Ambard A., Turner D., et al. A muddle of models of motivation for using peer-to-peer economy systems [C]. ACM Conference on Human Factors in Computing Systems. 2015, 1085-1094.

[93] Gansky L. The mesh: Why the future of business is sharing [M]. London: Portfolio Trade, 2010.

[94] Hamari J., Sjöklint M., Ukkonen A. The sharing economy: Why people participate in collaborative consumption [J]. Journal of the Association for Information Science and Technology, 2016, 67 (9): 2047-2059.

[95] Tussyadiah I. P. An exploratory study on drivers and deterrents of

collaborative consumption in travel [M]. In I. Tussyadiah and A. Inversini (Eds.). Information and communication technologies in tourism 2015, 817-830. Switzerland: Springer International Publishing.

[96] Bucher E., Fieseler C., Lutz C. What's mine is yours (for a nominal fee) —exploring the spectrum of utilitarian to altruistic motives for internet-mediated sharing [J]. Computers in Human Behavior, 2016, 62: 316-326.

[97] Catulli M., Lindley J. K., Reed N. B., et al. What is mine is not yours: Further insight on what access-based consumption says about consumers [M]. In R. Belk, L. Price and L. Peñaloza (Eds.). Consumer culture theory (research in consumer behavior, volume 15), 2013, 15, 185-208. Emerald Group Publishing Limited.

[98] Hellwig K., Morhart F., Girardin F., et al. Exploring different types of sharing: A proposed segmentation of the market for "sharing" businesses [J]. Psychology & Marketing, 2015, 32(9): 891–906.

[99] Edbring E. G., Lehner M., Mont O. Exploring consumer attitudes to alternative models of consumption: Motivations and barriers [J]. Journal of Cleaner Production, 2016, 123: 5-15.

[100] Mcarthur E. Many-to-many exchange without money: Why people share their resources [J]. Consumption Markets & Culture, 2015, 18(3): 239-256.

[101] Pedersen E. R. G., Netter S. Collaborative consumption: Business model opportunities and barriers for fashion libraries [J]. Journal of Fashion Marketing and Management, 2015, 19(3): 258-273.

[102] Xu B., Li D. An empirical study of the motivations for content contribution and community participation in wikipedia [J]. Information & Management, 2015, 52(3): 275-286.

[103] Benoit S., Baker T. L., Bolton R. N., et al. A triadic framework for collaborative consumption (cc): Motives, activities and resources & capabilities of actors [J]. Journal Of Business Research, 2017, 79: 219-227.

[104] Barnes S. J., Mattsson J. Understanding current and future issues in collaborative consumption: A four-stage delphi study [J]. Technological Forecasting & Social Change, 2016, 104: 200-211.

[105] Rudmin F. The consumer science of sharing: A discussant's observations [J]. Journal of the Association for Consumer Research, 2016, 1(2): 198-209.

[106] Ozanne L. K., Ozanne J. L. A child's right to play: The social construction of civic virtues in toy libraries [J]. Journal of Public Policy & Marketing, 2013, 30(2): 263-276.

[107] Lawson S. J., Gleim M. R., Perren R., et al. Freedom from ownership: An exploration of access-based consumption [J]. Journal of Business Research, 2016, 69(8): 2615-2623.

[108] Moeller S., Wittkowski K. The burdens of ownership: Reasons for preferring renting [J]. Journal of Service Theory & Practice, 2010, 20(2): 176-191.

[109] Wittkowski K., Moeller S., Wirtz J. Firms' intentions to use nonownership services [J]. Journal of Service Research, 2013, 16(16): 171-185.

[110] Böcker L., Meelen T. Sharing for people, planet or profit? Analysing motivations for intended sharing economy participation [J]. Environmental Innovation and Societal Transitions, 2017, 23: 28-39.

[111] Botsman R., Capelin L. Airbnb: Building a revolutionary travel company [M]. Said Business School, University of Oxford, 2016.

[112] Rochet J. C., Tirole J. Two-sided markets: A progress report [J]. Rand Journal of Economics, 2006, 37(3): 645-667.

[113] Cravens D. W., Piercy N. F. Relationship marketing and collaborative networks in service organizations [J]. International Journal of Service Industry Management, 1994, 5(5): 39-53.

[114] Lusch R. F., Webster F. E. A stakeholder-unifying, cocreation philosophy for marketing [J]. Journal of Macromarketing, 2015, 31(2): 129-134.

[115] Tussyadiah I. P. Factors of satisfaction and intention to use peer-to-peer accommodation [J]. International Journal of Hospitality Management,

2016, 55: 70-80.

[116] Hellwig K., Morhart F., Girardin F., et al. Exploring different types of sharing: A proposed segmentation of the market for "sharing" businesses [J]. Psychology & Marketing, 2015, 32(9): 891-906.

[117] Piscicelli L., Cooper T., Fisher T. The role of values in collaborative consumption: Insights from a product-service system for lending and borrowing in the uk [J]. Journal of Cleaner Production, 2015, 97: 21-29.

[118] Hwang J., Griffiths M. A. Share more, drive less: Millennials value perception and behavioral intent in using collaborative consumption services [J]. Journal of Consumer Marketing, 2017, 34(2): 132-146.

[119] Owyang J., Samuel A., Grenville A. Sharing is the new buying: How to win in the collaborative economy [M]. Vision Critical/Crowd Companies, 2014.

[120] Lindblom A., Lindblom T. De-ownership orientation and collaborative consumption during turbulent economic times [J]. International Journal of Consumer Studies, 2017, 41(4): 431-438.

[121] Schaefers T., Lawson S. J., Kukar-Kinney M. How the burdens of ownership promote consumer usage of access-based services [J]. Marketing Letters, 2016, 27(3): 569-577.

[122] Fagerstrm A., Pawar S., Sigurdsson V., et al. That personal profile image might jeopardize your rental opportunity! On the relative impact of the seller's facial expressions upon buying behavior on airbnb [J]. Computers in Human Behavior, 2017, 72(Supplement C): 123-131.

[123] Wang Y. B., Ho C. W. No money? No problem! The value of sustainability: Social capital drives the relationship among customer identification and citizenship behavior in sharing economy [J]. Sustainability, 2017, 9(8): 1400.

[124] Chen C. C., Chang Y. C. What drives purchase intention on airbnb? Perspectives of consumer reviews, information quality, and media richness [J]. Telematics & Informatics, 2018, 35: 1512-1523.

［125］贺明华, 梁晓蓓. 共享经济模式下平台及服务提供方的声誉对消费者持续使用意愿的影响——基于滴滴出行平台的实证研究［J］. 经济体制改革, 2018a（2）：85-92.

［126］唐毅青, 范春蓉, 谭德庆. 共享经济下我国消费者参与协同消费的影响因素研究［J］. 软科学, 2017, 31（10）：136-139.

［127］梁晓蓓, 江江. 共享经济模式下消费者持续共享意愿影响因素研究［J］. 软科学, 2018, 32（9）：103-107.

［128］施建刚, 司红运, 吴光东, 等. 可持续发展视角下城市交通共享产品使用行为意愿研究［J］. 中国人口·资源与环境, 2018, 28（6）：63-72.

［129］Yang S., Song Y., Chen S., et al. Why are customers loyal in sharing-economy services? A relational benefits perspective［J］. Journal of Services Marketing, 2017, 31（1）：48-62.

［130］Cheng X., Fu S., Vreede G. J. D. A mixed method investigation of sharing economy driven car-hailing services: Online and offline perspectives［J］. International Journal of Information Management, 2018, 41：57-64.

［131］杨晓燕, 邓珏坤. 情感依恋对消费者参与协同消费的影响方式——基于产品处置的视角［J］. 消费经济, 2014（5）：56-60.

［132］Johnson K. K., Mun J. M., Chae Y. Antecedents to internet use to collaboratively consume apparel［J］. Journal of Fashion Marketing and Management: An International Journal, 2016, 20（4）：370-382.

［133］Hennig-Thurau T., Henning V., Sattler H. Consumer file sharing of motion pictures［J］. Journal of Marketing, 2007, 71（4）：1-18.

［134］Akbar P., Mai R., Hoffmann S. When do materialistic consumers join commercial sharing systems［J］. Journal of Business Research, 2016, 69（10）：4215-4224.

［135］Yannopoulou N. User-generated brands and social media: Couchsurfing and airbnb［J］. Contemporary Management Research, 2013, 9（1）：85-90.

［136］杨帅. 共享经济带来的变革与产业影响研究［J］. 当代经济管理, 2016, 38（6）：69-74.

[137] Ravenelle A. J. Sharing economy workers: Selling, not sharing [J]. Cambridge Journal of Regions Economy & Society, 2017, 10 (2): 281-295.

[138] Fang B., Ye Q., Law R. Effect of sharing economy on tourism industry employment [J]. Annals of Tourism Research, 2016, 57: 264-267.

[139] Zervas G., Proserpio D., Byers J. The rise of the sharing economy: Estimating the impact of airbnb on the hotel industry [R]. Boston: Boston University, 2013.

[140] Greenwood B. N., Wattal S. Show me the way to go home: An empirical investigation of ride sharing and alcohol related motor vehicle homicide [R]. Philadelphia: Fox School Business, Temple University, 2015.

[141] Schor J. B. Does the sharing economy increase inequality within the eighty percent?: Findings from a qualitative study of platform providers [J]. Cambridge Journal of Regions, Economy and Society, 2017, 10 (2): 263-279.

[142] Edelman B., Luca M., Svirsky D. Racial discrimination in the sharing economy: Evidence from a field experiment [J]. American Economic Journal Applied Economics, 2017, 9 (2): 1-22.

[143] Guo Y., Xin F., Barnes S. J., et al. Opportunities or threats? The rise of online collaborative consumption and its impact on new car sales [J]. Electronic Commerce Research & Applications, 2018, 29: 133-141.

[144] Iran S., Schrader U. Collaborative fashion consumption and its environmental effects [J]. Journal of Fashion Marketing & Management, 2017, 21 (4): 468-482.

[145] Hancock T. People, partnerships and human progress: Building community capital [J]. Health Promotion International, 2001, 16 (3): 275-280.

[146] Lee W., Cheng B. Incorporating e-technology to advantage in a greener taxi industry and its impact on driving performance and safety [J]. Transportation Planning & Technology, 2008, 31 (5): 569-588.

[147] Nica E., Potcovaru A. M. The social sustainability of the sharing economy

[J]. Economics Management & Financial Markets, 2015, 10 (4): 69-75.

[148] Li C., Zhao J. Humanizing travel: How e-hail apps transform stakeholder relationships in the u.S. Taxi industry [C]. Transportation Research Board 94th Annual Meeting. Washington DC, United States, Jan. 11-15, 2015,

[149] Porter M. E., Kramer M. R. The big idea: Creating shared value [J]. Harvard Business Review, 2011, 89 (1): 2.

[150] Leismann K., Schmitt M., Rohn H., et al. Collaborative consumption: Towards a resource-saving consumption culture [J]. Resources, 2013, 2 (3): 184-203.

[151] Kriston A., Szabó T., Inzelt G. The marriage of car sharing and hydrogen economy: A possible solution to the main problems of urban living [J]. International Journal of Hydrogen Energy, 2010, 35 (23): 12697-12708.

[152] Wu X., Zhi Q. Impact of shared economy on urban sustainability: From the perspective of social, economic, and environmental sustainability [J]. Energy Procedia, 2016, 104: 191-196.

[153] Boyko C., Clune S., Cooper R., et al. How sharing can contribute to more sustainable cities [J]. Sustainability, 2017, 9 (5): 701.

[154] Molz J. G. Social networking technologies and the moral economy of alternative tourism: The case of couchsurfing.Org [J]. Annals of Tourism Research, 2013, 43 (7): 210-230.

[155] Schor J. B., Fitzmaurice C., Carfagna L. B., et al. Paradoxes of openness and distinction in the sharing economy [J]. Poetics, 2016, 54 (7): 66-81.

[156] Dredge D., Gyimóthy S. The collaborative economy and tourism: Critical perspectives, questionable claims and silenced voices [J]. Tourism Recreation Research, 2015, 40 (3): 286-302.

[157] Tussyadiah I. P., Pesonen J. Impacts of peer-to-peer accommodation use on travel patterns [J]. Journal of Travel Research, 2015, 55 (8): 1022-1040.

[158] Abdar M., Yen N. Y. A survey on sharing economy and its effect on human behavior changes [C]. The 31st International Conference on Advanced

Information Networking and Applications Workshops (WAINA). Taipei, Taiwan, March 27-29, 2017, 99-103.

[159] Gefen D., Pavlou P. A. The boundaries of trust and risk: The quadratic moderating role of institutional structures [J]. Information Systems Research, 2012, 23 (3): 940-959.

[160] Zervas G., Proserpio D., Byers J. A first look at online reputation on airbnb, where every stay is above average [R]. Boston: Boston University, 2015.

[161] Zhang Y. P2p personal credit risk identification index selection research under sharing economy in china [C]. International Conference on Humanities and Social Science Research. Singapore, July 29-31, 2016, 159-164.

[162] Abrahao B., Parigi P., Gupta A., et al. Reputation offsets trust judgments based on social biases among airbnb users [J]. Proceedings of the National Academy of Sciences of the United States of America (PNAS), 2017, 114 (37): 9848-9853.

[163] Teubner T., Hawlitschek F., Dann D. Price determinants on airbnb: How reputation pays off in the sharing economy [J]. Journal of Self-Governance & Management Economics, 2017, 5 (4): 53-80.

[164] Gandini A., Pais I., Beraldo D. Reputation and trust on online labour markets: The reputation economy of elance [J]. Work Organisation Labour & Globalisation, 2016, 10 (1): 27-43.

[165] Liang L. J., Choi H. C., Joppe M. Understanding repurchase intention of airbnb consumers: Perceived authenticity, electronic word-of-mouth, and price sensitivity [J]. Journal of Travel & Tourism Marketing, 2018, 35 (1): 73-89.

[166] Munkøe M. M. Regulating the european sharing economy: State of play and challenges [J]. Intereconomics, 2017, 52 (1): 38-44.

[167] Cohen M., Zehngebot C. What's old becomes new: Regulating the sharing economy [J]. Boston Bar Journal, 2014, 58 (2): 6.

[168] Thorne D. M., Quinn F. F. Supplier resources in the sharing economy: Three

regulatory concerns [J]. Journal of Marketing Channels, 2017, 24 (1-2) : 73-83.

[169] 谭海波, 王英伟. 分享经济的监管困境及其治理 [J]. 中国行政管理, 2018 (7) : 20-24.

[170] Das Acevedo D. Regulating employment relationships in the sharing economy [J]. Employee Rights and Employment Policy Journal, 2016, 20 (1) : 1-35.

[171] Hong S., Lee S. Adaptive governance and decentralization: Evidence from regulation of the sharing economy in multi-level governance [J]. Government Information Quarterly, 2018, 35 (2) : 299-305.

[172] Cannon S., Summers L. H. How uber and the sharing economy can win over regulators [J]. Harvard Business Review, 2014, 13 (10) : 24-28.

[173] Murphy M. Cities as the original sharing platform: Regulation of the new "sharing" economy [J]. Journal of Business & Technology Law, 2016, 12 (1) : 127-149.

[174] Posen H. A. Ridesharing in the sharing economy: Should regulators impose uber regulations on uber? [J]. Iowa Law Review, 2015, 101 (1) : 405-433.

[175] 唐清利. "专车" 类共享经济的规制路径 [J]. 中国法学, 2015 (4) : 286-302.

[176] 刘绍宇. 论互联网分享经济的合作规制模式 [J]. 华东政法大学学报, 2018 (3) : 72-82.

[177] 郝凯. 分享经济监管的误区及下一步监管的思路对策 [J]. 电子政务, 2017 (8) : 18-22.

[178] 赵景华, 许鸣超, 陈新明. 分享经济业态下政府监管的差异化策略研究 [J]. 中国行政管理, 2017 (6) : 75-79.

[179] 李鑫. 分享经济监管困境与信用监管体系构建 [J]. 学习与实践, 2017 (8) : 82-89.

[180] 沈广明. 分享经济的规制策略——以辅助性原则为基点 [J]. 当代法学, 2018 (3) : 48-59.

[181] 陈元志. 面向共享经济的创新友好型监管研究 [J]. 管理世界, 2016 (8) : 176-177.

[182] Van Gossum P., Arts B., Verheyen K. From "smart regulation" to "regulatory arrangements" [J]. Policy Sciences, 2010, 43 (3): 245-261.

[183] Julia B. Decentring regulation: Understanding the role of regulation and self-regulation in a'post-regulatory'world [J]. Current Legal Problems, 2001, 54 (1): 103-146.

[184] Cannon B., Chung H. A framework for designing co-regulation models well-adapted to technology-facilitated sharing economies [J]. Santa Clara High Technology Law Journal, 2015, 31 (1): 23-96.

[185] Cohen M., Sundararajan A. Self-regulation and innovation in the peer-to-peer sharing economy [J]. University of Chicago Law Review Online, 2017, 82 (1): 116-133.

[186] Mittendorf C. The implications of trust in the sharing economy–an empirical analysis of uber [C]. The 50th Hawaii International Conference on System Sciences. Waikoloa Village, Hawaii, USA, Jan 4-7, 2017, 5837–5846.

[187] Ingrid B.-A., Susan A. S., Kelly C., et al. Peer-to-peer carsharing [J]. Transportation Research Record Journal of the Transportation Research Board, 2014, 2416: 27-36.

[188] Hawlitschek F., Teubner T., Gimpel H. Understanding the sharing economy-drivers and impediments for participation in peer-to-peer rental [C]. The 49th Hawaii International Conference on System Sciences. Koloa, HI, USA, 2016, 4782–4791.

[189] Albiston G., Osman T., Peytchev E. Modelling trust in semantic web applications [C]. The 16th International Conference on Computer Modelling and Simulation. Cambridge, UK, 2014, 440-445.

[190] Schaft S. The two-way process of building trust within the sharing economy: [dissertation]. Rotterdam, Netherlands: Erasmus University Rotterdam, 2014.

[191] 谢雪梅, 石娇娇. 共享经济下消费者信任形成机制的实证研究 [J]. 技术经济, 2016, 35 (10): 122-127.

[192] Mittendorf C., Ostermann U. Private vs. Business customers in the sharing economy–the implications of trust, perceived risk, and social motives on airbnb [C]. The 50th Hawaii international conference on system sciences. Waikoloa Village, Hawaii, USA, 2017, 5827–5836.

[193] Wu J., Zeng M., Xie K. L. Chinese travelers' behavioral intentions toward room-sharing platforms: The influence of motivations, perceived trust, and past experience [J]. International Journal of Contemporary Hospitality Management, 2017, 29 (10): 2688-2707.

[194] Edelman B., Luca M. Digital discrimination: The case of airbnb.Com [R]. Boston, MA: Harvard Business School, 2014.

[195] Featherman M. S., Pavlou P. A. Predicting e-services adoption: A perceived risk facets perspective [J]. International Journal of Human - Computer Studies, 2003, 59 (4): 451-474.

[196] Jacoby J., Kaplan L. B. The components of perceived risk [C]. The 3rd Annual Conference of the Association for Consumer Research. Chicago, IL, USA, 3-5 November, 1972, 382-393.

[197] Luo X., Li H., Zhang J., et al. Examining multi-dimensional trust and multi-faceted risk in initial acceptance of emerging technologies: An empirical study of mobile banking services [J]. Decision Support Systems, 2010, 49 (2): 222-234.

[198] Malazizi N., Alipour H., Olya H. Risk perceptions of airbnb hosts: Evidence from a mediterranean island [J]. Sustainability, 2018, 10 (5): 23.

[199] Hamari J., Sjöklint M., Ukkonen A. The sharing economy: Why people participate in collaborative consumption [J]. Journal of the Association for Information Science and Technology, 2015, 67 (9): 2047-2059.

[200] Park J., Amendah E., Lee Y., et al. M - payment service: Interplay of perceived risk, benefit, and trust in service adoption [J]. Human Factors & Ergonomics in Manufacturing & Service Industries, 2019, 29 (31-43)

[201] Hawlitschek F., Teubner T., Weinhardt C. Trust in the sharing economy [J].

Die Unternehmung-Swiss Journal of Business Research and Practice 2016, 70(1): 26-44.

[202] 贺明华. 政府规制能增强消费者采纳共享经济模式的意愿吗?[J]. 消费经济, 2018, 34(5): 48-55.

[203] 杨雅清. 共享经济: 隐私的博弈时代[N]. 通信信息报, 2017-05-24 (A14).

[204] 杨召奎. 共享经济消费维权应放在更关键的位置[N]. 工人日报, 2017-12-09 (005).

[205] 董成惠. 共享经济: 理论与现实[J]. 广东财经大学学报, 2016, 31(5): 4-15.

[206] Mayer R. C., Davis J. H., Schoorman F. D. An integrative model of organizational trust[J]. Academy of Management Review, 1995, 20(3): 709-734.

[207] Cheung C. M. K., Lee M. K. O. Understanding consumer trust in internet shopping: A multidisciplinary approach[J]. Journal of the American Society for Information Science & Technology, 2006, 57(4): 479–492.

[208] Fishbein M., Ajzen I. Belief, attitude, intention and behaviour: An introduction to theory and research[J]. Philosophy and Rhetoric, 1975, 41(4): 842-844.

[209] Bachmann R. Conclusion: Trust-conceptual aspects of a complex phenomenon[M]. In C. Lane and R. Bachmann (Eds.). Trust within and between organizations. Conceptual issues and empirical applications, 1998, 298-322. Oxford: Oxford University Press.

[210] Möllering G. Trust, institutions, agency: Towards a neoinstitutional theory of trust u[M]. In R. Bachmann and A. Zaheer (Eds.). Handbook of trust research, 2006, 355-376. Edward Elgar: Cheltenham.

[211] Fang Y., Qureshi I., Sun H., et al. Trust, satisfaction, and online repurchase intention: The moderating role of perceived effectiveness of e-commerce institutional mechanisms[J]. MIS Quarterly, 2014, 38(2): 407-427.

[212] Gefen D., Straub D. W. Consumer trust in b2c e-commerce and the importance of social presence: Experiments in e-products and e-services[J].

Omega, 2004, 32(6): 407-424.

[213] Bhattacherjee A. Individual trust in online firms: Scale development and initial test[J]. Journal of Management Information Systems, 2002, 19(1): 211-241.

[214] Pavlou P. A., Gefen D. Psychological contract violation in online marketplaces: Antecedents, consequences, and moderating role[J]. Information Systems Research, 2005, 16(4): 372-399.

[215] 张海燕, 张正堂. 制度信任偏离度对再次合作意愿影响实证研究[J]. 软科学, 2017, 31(3): 38-41.

[216] 王秀为, 胡珑瑛, 王天扬. 基于制度信任的出借方对网贷平台初始信任产生机理研究[J]. 管理评论, 2018, 30(12): 99-108.

[217] 戚玉觉, 杨东涛, 何玉梅. 组织中的制度信任: 概念、结构维度与测量[J]. 经济管理, 2018, 2: 192-208.

[218] Bohnert D., Ross W. H. The influence of social networking web sites on the evaluation of job candidates[J]. Cyberpsychology, Behavior, and Social Networking, 2010, 13(3): 341-347.

[219] Altman I., Taylor D. A. Social penetration: The development of interpersonal relationships[M]. New York: Holt, Rinehart & Winston, 1973.

[220] Taylor D. A. The development of interpersonal relationships: Social penetration processes[J]. The Journal of Social Psychology, 1968, 75(1): 79-90.

[221] Laurenceau J.-P., Barrett L. F., Pietromonaco P. R. Intimacy as an interpersonal process: The importance of self-disclosure, partner disclosure, and perceived partner responsiveness in interpersonal exchanges [J]. Journal of Personality and Social Psychology, 1998, 74(5): 1238-1251.

[222] Taylor D. A., Altman I. Communication in interpersonal relationships: Social penetration processes[M]. In M. E. Roloffm and G. R. Miller (Eds.). Interpersonal processes: New directions in communication research, 1987, 257-277. Thousand Oaks, CA: Sage.

[223] Cozby P. C. Self-disclosure, reciprocity and liking[J]. Sociometry, 1972: 151-160.

[224] Gudykunst W. B., Nishida T., Chua E. Perceptions of social penetration in japanese-north american dyads[J]. International Journal of Intercultural Relations, 1987, 11(2): 171-189.

[225] Rubin Z., Shenker S. Friendship, proximity, and self-disclosure 1[J]. Journal of Personality, 1978, 46(1): 1-22.

[226] Whitty M. T. Revealing the 'real' me, searching for the 'actual' you: Presentations of self on an internet dating site[J]. Computers in Human Behavior, 2008, 24(4): 1707-1723.

[227] Wentzel D. The effect of employee behavior on brand personality impressions and brand attitudes[J]. Journal of the Academy of Marketing Science, 2009, 37(3): 359-374.

[228] Hwang J., Han H., Kim S. How can employees engage customers? Application of social penetration theory to the full-service restaurant industry by gender[J]. International Journal of Contemporary Hospitality Management, 2015, 27(6): 1117-1134.

[229] Tang J. H., Wang C. C. Self-disclosure among bloggers: Re-examination of social penetration theory[J]. Cyberpsychology, Behavior, and Social Networking, 2012, 15(5): 245-250.

[230] Jourard S. M. Self-disclosure: An experimental analysis of the transparent self[J]. Revista Española De Cardiología, 1971, 63(12): 1438–1443.

[231] 刘鲁川, 张冰倩, 李旭. 社交媒体用户焦虑和潜水行为成因及与信息隐私关注的关系[J]. 情报资料工作, 2018, 224(5): 74-82.

[232] Huang H. Y. Examining the beneficial effects of individual's self-disclosure on the social network site[J]. Computers in Human Behavior, 2016, 57: 122-132.

[233] Cheng M. Sharing economy: A review and agenda for future research[J]. International Journal of Hospitality Management, 2016, 57: 60-70.

[234] Bialski P. Online to offline social networking. Contextualising sociality today through couchsurfing. Org[M]. In D. Picard and S. Buchberger (Eds.). Couchsurfing cosmopolitanisms. Can tourism make a better world, 2013, 161-172. Bielefeld: Transcript.

[235] Morton T. L. Intimacy and reciprocity of exchange: A comparison of spouses and strangers[J]. Journal of Personality and Social Psychology, 1978, 36 (1): 72-81.

[236] Price L. L., Arnould E. J. Commercial friendships: Service provider–client relationships in context[J]. Journal of marketing, 1999, 63 (4): 38-56.

[237] Lu B., Fan W., Zhou M. Social presence, trust, and social commerce purchase intention: An empirical research[J]. Computers in Human Behavior, 2016, 56: 225-237.

[238] Lowry P. B., Wilson D. W., Haig W. L. A picture is worth a thousand words: Source credibility theory applied to logo and website design for heightened credibility and consumer trust[J]. International Journal of Human-Computer Interaction, 2014, 30 (1): 63-93.

[239] Miyazaki A. D., Fernandez A. Consumer perceptions of privacy and security risks for online shopping[J]. Journal of Consumer affairs, 2001, 35 (1): 27-44.

[240] Hsu M.-H., Chang C.-M., Yen C.-H. Exploring the antecedents of trust in virtual communities[J]. Behaviour & Information Technology, 2011, 30 (5): 587-601.

[241] Pappas N. The complexity of purchasing intentions in peer-to-peer accommodation[J]. International Journal of Contemporary Hospitality Management, 2017, 29 (9): 2302-2321.

[242] Tussyadiah I. P., Zach F. Identifying salient attributes of peer-to-peer accommodation experience[J]. Journal of Travel & Tourism Marketing, 2017, 34 (5): 636-652.

[243] Brunner T. A., Stöcklin M., Opwis K. Satisfaction, image and loyalty: New

versus experienced customers [J]. European Journal of marketing, 2008, 42
(9/10): 1095-1105.

[244] Filieri R., Alguezaui S., Mcleay F. Why do travelers trust tripadvisor?
Antecedents of trust towards consumer-generated media and its influence on
recommendation adoption and word of mouth [J]. Tourism Management,
2015, 51: 174-185.

[245] Ba S., Pavlou P. A. Evidence of the effect of trust building technology in
electronic markets: Price premiums and buyer behavior [J]. MIS Quarterly,
2002, 26(3): 243-268.

[246] Ha H. Y. Factors influencing consumer perceptions of brand trust online [J].
Journal of Product & Brand Management, 2004, 13(5): 329-342.

[247] Kim D. J., Ferrin D. L., Rao H. R. A trust-based consumer decision-making
model in electronic commerce: The role of trust, perceived risk, and their
antecedents [J]. Decision Support Systems, 2008, 44(2): 544-564.

[248] Pan Y., Zinkhan G. M. Exploring the impact of online privacy disclosures on
consumer trust [J]. Journal of Retailing, 2006, 82(4): 331-338.

[249] Mcknight D., Chervany N. What trust means in e-commerce customer
relationships: An interdisciplinary conceptual of electronic commerce [J].
International Journal of Electronic Commerce, 2001, 6(2): 35-59.

[250] Katz V. Regulating the sharing economy [J]. Berkeley Technology Law
Journal, 2015, 30: 1067-1126.

[251] Ranchordas S. Does sharing mean caring? Regulating innovation in the
sharing economy [J]. Minnesota Journal of Law, Science & Technology,
2015, 16(1): 1-63.

[252] Miltgen C. L., Smith H. J. Exploring information privacy regulation, risks,
trust, and behavior [J]. Information & Management, 2015, 52(6): 741-759.

[253] Xu H., Teo H. H., Tan B. C. Y., et al. Effects of individual self-protection,
industry self-regulation, and government regulation on privacy concerns: A
study of location-based services [J]. Information Systems Research, 2012,

23 (4) : 1342-1363.

[254] Hui K. L., Teo H. H., Lee S. Y. T. The value of privacy assurance: An exploratory field experiment [J]. MIS Quarterly, 2007, 31 (1) : 19-33.

[255] Schuckert M., Peters M., Pilz G. The co-creation of host–guest relationships via couchsurfing: A qualitative study [J]. Tourism Recreation Research, 2018, 43 (2) : 220-234.

[256] Wang C., Zhang P. The evolution of social commerce: The people, management, technology, and information dimensions [J]. Communications of the Association for Information Systems, 2012, 31 (5) : 105-127.

[257] Yang J., Sarathy R., Lee J. K. The effect of product review balance and volume on online shoppers' risk perception and purchase intention [J]. Decision Support Systems, 2016, 89: 66-76.

[258] Tancer B. Everyone's a critic: Winning customers in a review-driven world [M]. New York: Penguin, 2016.

[259] Utz S., Kerkhof P., Joost V. D. B. Consumers rule: How consumer reviews influence perceived trustworthiness of online stores [J]. Electronic Commerce Research & Applications, 2012, 11 (1) : 49-58.

[260] Ma Y. J., Hausman D. A., Lee H. H. Consumer responses toward online review manipulation [J]. Journal of Research in Interactive Marketing, 2014, 8 (3) : 224-244 (21).

[261] Godes D., Mayzlin D., Chen Y., et al. The firm's management of social interactions [J]. Marketing Letters, 2005, 16 (3-4) : 415-428.

[262] Yang B. The effect of online customer reviews on customer's perceived risk associated with online leisure hotel booking: [dissertation]. West Lafayette, Indiana, USA: Purdue University, 2013.

[263] Rouibah K., Lowry P. B., Hwang Y. The effects of perceived enjoyment and perceived risks on trust formation and intentions to use online payment systems [J]. Electronic Commerce Research and Applications, 2016, 19: 33-43.

[264] Chang K. C., Hsu C. L., Chen M. C., et al. How a branded website creates customer purchase intentions [J]. Total Quality Management & Business Excellence, 2017, 30 (3-4): 422-446.

[265] Chong A. Y.-L. Understanding mobile commerce continuance intentions: An empirical analysis of chinese consumers [J]. Data Processor for Better Business Education, 2013, 53 (4): 22-30.

[266] Peter J. P., Ryan M. J. An investigation of perceived risk at the brand level [J]. Journal of Marketing Research, 1976, 13 (2): 184-188.

[267] Eagly A. H., Wood W. Explaining sex differences in social behavior: A meta-analytic perspective [J]. Personality and Social Psychology Bulletin, 1991, 17 (3): 306-315.

[268] Hoffman L. W. Early childhood experiences and women's achievement motives [J]. Journal of Social Issues, 1972, 28 (2): 129-155.

[269] Zhang K. Z., Benyoucef M., Zhao S. J. Consumer participation and gender differences on companies' microblogs: A brand attachment process perspective [J]. Computers in Human Behavior, 2015, 44: 357-368.

[270] Ones D. S., Viswesvaran C. Gender, age, and race differences on overt integrity tests: Results across four large-scale job applicant datasets [J]. Journal of Applied Psychology, 1998, 83 (1): 35.

[271] Jungkun Park E. A., Younghee Lee, Hyowon Hyun. M-payment service: Interplay of perceived risk, benefit, and trust in service adoption [J]. Human Factors and Ergonomics in Manufacturing & Service Industries, 2019, 29: 31-43.

[272] Mishra D. P., Heide J. B., Cort S. G. Information asymmetry and levels of agency relationships [J]. Journal of Marketing Research, 1998, 35 (3): 277-295.

[273] Kim C., Tao W., Shin N., et al. An empirical study of customers' perceptions of security and trust in e-payment systems [J]. Electronic Commerce Research & Applications, 2010, 9 (1): 84-95.

[274] Galves F. Virtual justice as reality: Making the resolution of e-commerce disputes more convenient, legitimate, efficient, and secure [J]. Journal of Law, Technology & Policy 2009 (1): 1-68.

[275] Lwin M., Wirtz J., Williams J. D. Consumer online privacy concerns and responses: A power-responsibility equilibrium perspective [J]. Journal of the Academy of Marketing Science, 2007, 35 (4): 572-585.

[276] Listokin S. Does industry self-regulation of consumer data privacy work? [J]. IEEE Security & Privacy, 2017, 15 (2): 92-95.

[277] Brady M. K., Cronin Jr J. J. Some new thoughts on conceptualizing perceived service quality: A hierarchical approach [J]. Journal of Marketing, 2001, 65 (3): 34-49.

[278] Lemke F., Clark M., Wilson H. Customer experience quality: An exploration in business and consumer contexts using repertory grid technique [J]. Journal of the Academy of Marketing Science, 2011, 39 (6): 846-869.

[279] Park D. H., Kim S. The effects of consumer knowledge on message processing of electronic word of mouth via online consumer reviews [J]. Electronic Commerce Research & Applications, 2009, 7 (4): 399-410.

[280] Gremler D. D., Gwinner K. P. Rapport-building behaviors used by retail employees [J]. Journal of Retailing, 2008, 84 (3): 308-324.

[281] Parasuraman A., Zeithaml V. A., Berry L. L. Servqual: A multiple-item scale for measuring consumer perceptions of service quality [J]. Journal of Retailing, 1988, 64 (1): 12-37.

[282] Churchill Jr G. A. A paradigm for developing better measures of marketing constructs [J]. Journal of Marketing Research, 1979, 16 (1): 64-73.

[283] 周浩, 龙立荣. 共同方法偏差的统计检验与控制方法 [J]. 心理科学进展, 2004, 12 (6): 942-950.

[284] Jöreskog K. G. Statistical analysis of sets of congeneric tests [J]. Psychometrika, 1971, 36 (2): 109-133.

[285] Barclay D., Higgins C. A., Thompson R. The partial least squares approach

to causal modeling: Personal computer adoption and use as an illustration [J]. Technology Studies, 1995, 2 (2): 285-309.

[286] Chin W. W. The partial least squares approach to structural equation modeling [M]. In G. A. Marcoulides (Eds.). Modern methods for business research, 1998, 295-336. Mahway, NJ: Lawrence Erlbaum.

[287] Podsakoff P. M., Mackenzie S. B. Common method biases in behavioral research: A critical review of the literature and recommended remedies [J]. Journal of Applied Psychology, 2003, 88 (5): 879-903.

[288] Hair J. F., Anderson R. E., Tatham R. L., et al. Multivariate data analysis with readings [M]. Englewood Cliffs, NJ: Prentice Hall, 1998.

[289] Lohmöller J.-B. Latent variable path modeling with partial least squares [M]. Heidelberg, Germany: PhysicaVerlag, 1989.

[290] Edwards J. R. Multidimensional constructs in organizational behavior research: An integrative analytical framework [J]. Organizational Research Methods, 2001, 4 (2): 144-192.

[291] Chin W. W. Issues and opinion on structural equation modeling [J]. MIS Quarterly, 1998, 22 (1): 7-16.

[292] Diamantopoulos A., Winklhofer H. M. Index construction with formative indicators: An alternative to scale development [J]. Journal of marketing research, 2001, 38 (2): 269-277.

[293] Petter S., Straub D. W., Rai A. Specifying formative constructs in information systems research [J]. MIS Quarterly, 2007, 31 (4): 623-656.

[294] Mathieson K., Peacock E., Chin W. W. Extending the technology acceptance model: The influence of perceived user resources [J]. DATABASE for Advances in Information Systems, 2001, 32 (3): 86-112.

[295] Mackenzie S. B., Podsakoff P. M., Jarvis C. B. The problem of measurement model misspecification in behavioral and organizational research and some recommended solutions [J]. Journal of Applied Psychology, 2005, 90 (4): 710.

[296] Nunnally J. C., Bernstein I. H., Berge J. M. T. Psychometric theory [M]. New York: McGraw-hill, 1978.

[297] Fornell C., Larcker D. F. Evaluating structural equation models with unobservable variables and measurement error [J]. Journal of Marketing Research, 1981, 18 (1): 39-50.

[298] 姜岩. 消费者购物网站依恋机理研究 [D]. 大连: 大连理工大学, 2013.

[299] Falk R. F., Miller N. B. A primer for soft modeling [M]. Akron, OH: University of Akron Press, 1992.

[300] Brown S. P., Chin W. W. Satisfying and retaining customers through independent service representatives [J]. Decision Sciences, 2004, 35 (3): 527-550.

[301] Chin W. W., Newsted P. R. Structural equation modeling analysis with small samples using partial least squares [M]. In R. H. Hoyle (Eds.). Statistical strategies for small sample research, 1999, 307-341. Thousand Oaks, CA: Sage.

[302] Stone M. Cross - validatory choice and assessment of statistical predictions [J]. Journal of the Royal Statistical Society, 1974, 36 (2): 111-133.

[303] Baron R. M., Kenny D. A. The moderator–mediator variable distinction in social psychological research: Conceptual, strategic, and statistical considerations [J]. Journal of Personality and Social Psychology, 1986, 51 (6): 1173-1182.

[304] Qureshi I., Compeau D. Assessing between-group differences in information systems research: A comparison of covariance-and component-based sem [J]. MIS Quarterly, 2009, 33 (1): 197-214.

[305] Keil M., Tan B. C., Wei K.-K., et al. A cross-cultural study on escalation of commitment behavior in software projects [J]. MIS quarterly, 2000, 24 (2): 299-325.

[306] Rousseau D. M., Sitkin S. B., Burt R. S., et al. Not so different after all: A cross-discipline view of trust [J]. Academy of management review, 1998, 23

(3)：393-404.

[307] Marriott H. R., Williams M. D. Exploring consumers perceived risk and trust for mobile shopping: A theoretical framework and empirical study [J]. Journal of Retailing and Consumer Services, 2018, 42: 133-146.

[308] Xu F., La L., Zhen F., et al. A data-driven approach to guest experiences and satisfaction in sharing [J]. Journal of Travel & Tourism Marketing, 2019, 36 (4)：484-496.

[309] Ma X., Hancock J. T., Lim Mingjie K., et al. Self-disclosure and perceived trustworthiness of airbnb host profiles [C]. The 2017 ACM Conference on Computer Supported Cooperative Work and Social Computing. Portland, OR, USA, Feb. 25-Mar. 1, 2017, 2397-2409.

[310] Horgan M. Strangers and strangership [J]. Journal of Intercultural Studies, 2012, 33 (6)：607-622.

[311] 贺明华, 陈文北. 共享经济平台信用机制对持续共享意愿的影响——消费者信任的中介作用 [J]. 中国流通经济, 2019, 33 (5)：66-80.

[312] Martin K. D., Borah A., Palmatier R. W. Data privacy: Effects on customer and firm performance [J]. Journal of Marketing, 2017, 81 (1)：36-58.

[313] Liu C., Marchewka J. T., Lu J., et al. Beyond concern-a privacy-trust-behavioral intention model of electronic commerce [J]. Information and Management, 2004, 42 (2)：289-304.

[314] Hubert M., Blut M., Brock C., et al. Acceptance of smartphone-based mobile shopping: Mobile benefits, customer characteristics, perceived risks, and the impact of application context [J]. Psychology & Marketing, 2017, 34 (2)：175-194.

[315] Natarajan T., Balasubramanian S. A., Kasilingam D. L. Understanding the intention to use mobile shopping applications and its influence on price sensitivity [J]. Journal of Retailing and Consumer Services, 2017, 37: 8-22.

[316] Wong C. H., Lee H., Lim Y. H., et al. Predicting the consumers' intention to adopt mobile shopping: An emerging market perspective [J].

International Journal of Network and Mobile Technologies, 2012, 3 (3): 24-39.

[317] Rouibah K., Lowry P. B., Hwang Y. The effects of perceived enjoyment and perceived risks on trust formation and intentions to use online payment systems: New perspectives from an arab country [J]. Electronic Commerce Research and Applications, 2016, 19: 33-43.

[318] O'regan M. Couchsurfing through the lens of agential realism: Intra-active construction s of identity and challenging the subject–object dualism [M]. In O. Moufakkir and Y. Reisinger (Eds.). The host gaze in global tourism, 2013, 161-177. Oxfordshire: CABI.

[319] 王红丽, 陈苗. 共享经济中信任对约车出行意愿的影响机制-基于案例研究的定量分析 [J]. 管理案例研究与评论, 2017, 10 (6): 616-632.

[320] 李立威, 何勤. 没有信任 何谈共享?——分享经济中的信任研究述评 [J]. 外国经济与管理, 2018 (6): 11.

[321] Liang L. J., Choi H. C., Joppe M. Exploring the relationship between satisfaction, trust and switching intention, repurchase intention in the context of airbnb [J]. International Journal of Hospitality Management, 2018, 69: 41-48.

附录　共享经济下消费者信任问卷调查

——以某出行平台为例

您好！

　　感谢您百忙之中抽空填写此问卷！这是有关共享经济（以共享出行平台为例）的学术性研究问卷，问卷设计的目的是了解消费者对我国当前共享经济和共享平台发展的信任的影响因素及影响结果。问卷数据仅供论文写作使用，敬请放心填答！谢谢您的配合。

1.过去一年里，您使用共享出行平台的次数？［单选题］

□1～5次

□6～10次

□11～15次

□16～20次

□>20次

2.您的性别。［单选题］

□男

□女

3.您的年龄段。［单选题］

□<20

□20～29

□30～39

□40～49

□>50

4. 您的学历是？［单选题］

□高中及以下

□在校大学生

□大专

□本科

□研究生

5. 请选择省份城市与地区。

□一线城市

□二线城市

□三线城市

□其他

6. 您目前从事的职业。［单选题］

□全日制学生

□国家机关工作人员

□企事业单位工作人员

□自由职业

□其他

7. 作为消费者，您认为该共享出行平台的反馈机制有效性如何？［矩阵单选题］

	非常 不同意	比较 不同意	不确定	比较 同意	非常 同意
我认为该共享平台的反馈机制能够提供有关平台司机声誉的准确信息	○	○	○	○	○
通过该共享平台的反馈机制，可以获得大量关于平台司机交易历史的有用反馈信息	○	○	○	○	○
我相信该共享平台的反馈机制是可靠和值得信赖的	○	○	○	○	○

8. 作为消费者，您认为该共享平台的认证与审核机制有效性如何？［矩阵单选题］

	非常不同意	比较不同意	不确定	比较同意	非常同意
在平台司机注册加入该共享平台时，我相信平台会对司机身份信息进行仔细查验和筛选	○	○	○	○	○
评估平台司机的能力和资质是平台筛选过程的重要组成部分	○	○	○	○	○
我相信该共享平台在审核和评估司机的能力和资质方面做出了很大的努力	○	○	○	○	○

9. 您认为该共享平台的隐私保证机制有效性如何？［矩阵单选题］

	非常不同意	比较不同意	不确定	比较同意	非常同意
该共享平台的隐私保证机制让我觉得在平台上发送敏感信息和隐私信息是安全的	○	○	○	○	○
隐私保证机制让我感觉在该共享平台的敏感信息和隐私信息非常安全	○	○	○	○	○

10. 您认为该共享平台的争议解决机制有效性如何？［矩阵单选题］

	非常不同意	比较不同意	不确定	比较同意	非常同意
如果平台司机试图欺骗我，平台的争议解决机制可以保护我的权益不受到损害	○	○	○	○	○
如果平台司机服务态度差，平台的争议解决机制可以保证我的利益	○	○	○	○	○
我相信该共享平台的争议解决机制是有效的	○	○	○	○	○

11. 您持续使用该共享出行平台的意愿如何？［矩阵单选题］

	非常 不同意	比较 不同意	不确定	比较 同意	非常 同意
经过周全考虑，将来我会经常选择该共享平台预订快车服务	○	○	○	○	○
我可确信，将来会更频繁地使用该共享平台享受汽车共享服务	○	○	○	○	○
我可确信，如有可能，我会增加使用该共享平台的次数	○	○	○	○	○
我有可能会推荐我的家人或朋友使用该共享平台出行	○	○	○	○	○

12. 您对该共享出行平台的信任度如何？［矩阵单选题］

	非常 不同意	比较 不同意	不确定	比较 同意	非常 同意
该共享出行平台给我的印象是能经常恪守对消费者的承诺。	○	○	○	○	○
该共享平台提供了一个稳健、安全的环境，我可放心在平台上使用共享服务。	○	○	○	○	○
总体而言，该共享平台是值得信任的。	○	○	○	○	○

13. 您认为我国政府主管部门对网约车平台的监管机制如何？［矩阵单选题］

	非常 不同意	比较 不同意	不确定	比较 同意	非常 同意
我国政府已出台相关法律法规保护在共享经济模式下消费者个人权益以及安全隐私信息	○	○	○	○	○
我国政府已采取充分措施来确保在共享经济模式下消费者的权益与隐私安全	○	○	○	○	○
我国政府严格参照国际法律来保护消费者在共享经济环境下个人权益和隐私安全	○	○	○	○	○

14.您认为我国网约车共享平台自身及相关行业协会机构对网约车共享平台的自律监管机制如何？〔矩阵单选题〕

	非常 不同意	比较 不同意	不确定	比较 同意	非常 同意
网约车平台自有的信任与安全机制能有效保护消费者权益和数据隐私的安全	○	○	○	○	○
网约车平台的隐私政策已通过专业认证并获得相应隐私印章	○	○	○	○	○
网约车平台所属行业协会采取了足够措施来保护消费者个人权益和安全	○	○	○	○	○

15.您如何评价在该共享平台上平台司机所披露的资料信息可信度？〔矩阵单选题〕

	非常 不同意	比较 不同意	不确定	比较 同意	非常 同意
在平台网站上显示的司机档案资料和照片是可信的	○	○	○	○	○
在平台网站上显示的司机资料介绍了司机过往服务经历（例如接单数等）	○	○	○	○	○
在平台网站上关于司机所驾汽车的型号等相关信息的介绍是值得信赖的	○	○	○	○	○
总体而言，在平台网站上发布的司机档案信息是可信的	○	○	○	○	○

16.您如何评价与平台司机线下面对面互动交流的质量？〔矩阵单选题〕

	非常 不同意	比较 不同意	不确定	比较 同意	非常 同意
我认为与平台司机面对面互动的质量很高	○	○	○	○	○
我认为与平台司机的线下互动很好	○	○	○	○	○
我认为与平台司机的面对面交流非常出色	○	○	○	○	○

17. 您如何评价在该共享平台上其他用户发表的在线评论？［矩阵单选题］

	非常 不同意	比较 不同意	不确定	比较 同意	非常 同意
我相信该共享平台采取了有力措施对在线评论的真实性进行严格审核和评估	○	○	○	○	○
我相信在平台网站上的其他用户的评论真实有效，并对我选择共享出行的决策非常有帮助	○	○	○	○	○
我相信在平台网站上其他用户的在线评论是对供方产品或服务质量的客观评价	○	○	○	○	○

18. 您与其他乘客之间的友好互信关系感知程度如何？［矩阵单选题］

	非常 不同意	比较 不同意	不确定	比较 同意	非常 同意
我乐于与其他乘客进行面对面互动交流	○	○	○	○	○
我与其他乘客面对面交流时带给我一种亲切感	○	○	○	○	○
我与其他乘客之间建立了和谐的人际关系	○	○	○	○	○
与其他乘客的面对面互动带给我一种舒适感	○	○	○	○	○
与一些乘客成为好朋友，并期待与他们再次会面	○	○	○	○	○

19. 您对使用共享平台出行服务面临的财务风险感知如何？ ［矩阵单选题］

	非常 不同意	比较 不同意	不确定	比较 同意	非常 同意
通过该共享平台在线支付乘车费用时，移动支付账户（微信、支付宝等）和密码很可能会被不法分子窃取	○	○	○	○	○
通过该共享平台使用移动支付业务，支付账户会遭受潜在财务损失风险	○	○	○	○	○
乘坐共享平台汽车出行时，会存在贵重物品或钱财丢失的风险	○	○	○	○	○

20. 您对使用共享出行服务面临的隐私风险感知程度如何？ ［矩阵单选题］

	非常 不同意	比较 不同意	不确定	比较 同意	非常 同意
注册并使用该共享平台时，个人信息会在不知情的情况下被平台或他人非法使用，具有个人隐私泄露的风险	○	○	○	○	○
使用过该共享平台后，网络黑客（或其他不法分子）会窃取个人隐私信息并非法传播	○	○	○	○	○
总体而言，通过该共享平台使用共享汽车服务时，会面临潜在隐私风险	○	○	○	○	○

21. 您对使用共享平台出行服务时面临的时间风险感知程度如何？〔矩阵单选题〕

	非常 不同意	比较 不同意	不确定	比较 同意	非常 同意
注册并使用该共享平台时，要在线填写较多的资料信息，这浪费了不少时间	○	○	○	○	○
通过该共享平台预订快车时，因司机接单响应不及时而造成较长时间的等待，延误了出行时间	○	○	○	○	○
乘坐平台快车时，有些司机不按既定路线行驶，耽误了不少时间	○	○	○	○	○

22. 您对使用共享平台出行服务面临的人身安全风险感知程度如何？〔矩阵单选题〕

	非常 不同意	比较 不同意	不确定	比较 同意	非常 同意
搭乘平台汽车时，会担心车内卫生问题而染上身体疾病	○	○	○	○	○
搭乘平台汽车时，担心平台司机对我实施暴力或其他犯罪活动	○	○	○	○	○
搭乘平台汽车时，担心平台司机有不良嗜好，对我的人身安全构成潜在威胁	○	○	○	○	○

感谢您对本次调研的配合和参与！